古典文獻研究輯刊

三八編

潘美月・杜潔祥 主編

第53冊

散見宋金元墓誌地券輯錄七編

周 峰著

國家圖書館出版品預行編目資料

散見宋金元墓誌地券輯錄七編／周峰 著 -- 初版 -- 新北市：
花木蘭文化事業有限公司，2024〔民 113〕
目 8+194 面；19×26 公分
（古典文獻研究輯刊 三八編；第 53 冊）
ISBN 978-626-344-756-1（精裝）
1.CST：喪葬習俗 2.CST：中國
011.08 112022618

ISBN-978-626-344-756-1
9786263447561

古典文獻研究輯刊
三八編 第五三冊 ISBN：978-626-344-756-1

散見宋金元墓誌地券輯錄七編

作　者 周 峰
主　編 潘美月、杜潔祥
總 編 輯 杜潔祥
副總編輯 楊嘉樂
編輯主任 許郁翎
編　輯 潘玟靜、蔡正宣 美術編輯 陳逸婷
出　版 花木蘭文化事業有限公司
發 行 人 高小娟
聯絡地址 235 新北市中和區中安街七二號十三樓
電話：02-2923-1455 ／傳真：02-2923-1452
網　址 http://www.huamulan.tw 信箱 service@huamulans.com
印　刷 普羅文化出版廣告事業
初　版 2024 年 3 月
定　價 三八編 60 冊（精裝）新台幣 156,000 元

散見宋金元墓誌地券輯錄七編

周峰 著

作者簡介

周峰，男，漢族，1972 年生，河北省安新縣人。中國社會科學院民族學與人類學研究所研究員，歷史學博士，博士生導師。主要從事遼金史、西夏學的研究。出版《完顏亮評傳》《21 世紀遼金史論著目錄（2001 ～ 2010 年）》《西夏文〈亥年新法・第三〉譯釋與研究》《奚族史略》《遼金史論稿》《五代遼宋西夏金邊政史》《貞珉千秋——散佚遼宋金元墓誌輯錄》《談金：他們的金朝》等著作 26 部（含合著），發表論文 100 餘篇。

提　要

本書為《散見宋金元墓誌地券輯錄》的第七編，共收錄宋金元三代的墓誌、地券 107 種，其中宋代 59 種，金代 3 種，元代 45 種。每種墓誌地券內容包括兩部分：拓本或照片、錄文。拓本、照片部分來源於網路，部分是本人藏品，大部分沒有公開發表過。墓主大部分為不見經傳的普通百姓，為我們瞭解宋金元時期民眾的生活提供了第一手的寶貴資料。

目次

凡　例

一、本書所收宋金元三代的墓誌、地券的拓本及照片部分來源於網路，部分是本人藏品，大部分沒有公開發表過。

二、本書內容包括墓誌地券拓本或照片、墓誌地券錄文。

三、所收墓誌地券皆另行命名，以避免原題繁瑣缺名的情況。墓誌地券原題皆在錄文中出現。

四、錄文采用通行繁體字，對於字庫中有的繁體字異體字徑直採用，字庫中沒有的繁體字異體字則不再另行造字，徑用通行繁體字。墓誌中現在通行的簡體字徑用原字。個別俗字一律改為正體。筆劃上略有增減的別字一律改為正體。

五、原字不全，但能辨明者，在該字外加框。殘缺不識者，用缺字符號□代替。錄文每行後用分行符號／表示換行，文尾不再用分行符號。

六、墓誌地券原來的行文格式不再保留，徑用現行文章體例。

七、墓誌地券排列順序以墓主卒葬日或刻石日前後為序。

散見宋金元墓誌地券輯錄七編

一、宋張昭遠墓誌　開寶五年（972）四月十九日

大宋特進、吏部尚書致仕、上柱國、陳國公、食邑三千五百户、食實封五百户清／河張公墓誌并序

門生徵事郎、前守濮州臨濮縣令盧敏撰。／

府君諱昭遠，字潛夫，夲河間人。昔者河朔三鎮雄據，遠祖仲則挾策干王武俊，／說忠義之事，不納，避禍遷扵汶上。再以策謁營丘亢戎李納，辱署東平從事，因／家濮州范縣。自後高祖諱仁儉，曾祖諱秀㳜，祖諱楚平，考諱直，世習儒素官，皆／至邑長，備扵家諜，不繁具述。唯府君博覽群書，富扵詞藻，器量宏廓，不／拘小節。至扵周文漢史、道書釋典、天文地理、律曆醫庺，惣三万九千三百一十／二卷聚扵私家，張茂先三十五車不相上下矣。府君始扵賓佐，漸扵蓬瀛，／歷扵楡材，訖扵冢宰，攝政計四十八任，見扵誥命。比張文瓘万石家未為福壽／也。自晉漢已来，奉旨撰碑銘冊譜、曲章歌詞共三十万八千餘言。覩／斯行狀，張燕公善一時之美，何足稱矣！古人重寸陰而輕尺璧，疾没世而名不稱。故司馬談終身而著書，左太冲十稔而作賦。／府君學易，何湏扵艾服誦詩，夲自扵綺紈顛沛之間，猶枕經而樂道。弥留之際，／尚執卷以計論良史之材、碩儒之德，方策所記，幾何人哉！嗚呼！陵谷有遷，寒暑／相代，方迓肆筵之命，忽興負杖之歌。即扵開寶五年正月十七日，屬纊／扵東京私第，享年七十九。府君娶黎陽郡夫人劇氏，先三年亡，／享年七十九。禮稱順偹詩述，和柔恭上，有舉按之名，訓子彰断機之美。見在五／男，早揚洙樹之名；即世三女，悉著椒花之詠。秉莘扶柩護神，自梁徂洛，門生執

／紼，故吏引轜。東辞通濟渠，西望相宅地。素車白馬，忍聽薤露之歌；隴𨹧泉門，莫／遏夜臺之恨。當年四月十九日，扵洛京河南府河南縣金谷鄉石樓里北邙原／與黎陽郡夫人祔葬扵祖墳，禮也。敏慕肱有志，請益無因，乏曺娥之好辞，幸蔡／邕之無媿。謹為銘曰：／

昔日長安道，幸玉勒兮照地；如今洛陽原，引丹旐兮送終。／浩浩兮崑河逝水，蕭蕭兮嵩樹悲風。長天兮愁雲黯黯，／晚日兮啼鳥嚾嚾。鴻碩兮九流莫及，勳名兮千載不窮。／吉兆兮牛崗馬鬣，良辰兮蓍順龜從。安厝兮佳城鬱鬱，／吁永世之冥濛。／

男秉琮書。

二、宋張居厚墓誌　淳化二年（991）十月二十日

大宋絳州翼城縣故前押司録事張君墓誌銘并序／

進士史驤撰。

公諱居厚，字敦古，夲河門人也。／父祖不仕，賁於丘園；尊幼凞二，咸急生計。公乃／役拎是縣，以立厥躬，自下陞高，四五十載。洎為／領袖，别振風聲。才智汪洋，行遺湤密。踵伍／匪崇，達而擁有巖稜。一境之中，多以威伏。公／廣置其業，酷善謀生。慶及子孫，財備房室。／嗚呼！春冰縱結，逢暖日以湏消；秋草雖青，遇／寒霜而必悴。脩矩之命，孰能免諸。公以己丑／歲夏六月十有三日終于私舍，享年八十四／歲。有子二人：長曰仁興；次曰仁璨。次者先卒，／長為事主。故選淳化二年歲在辛夘十月／丙寅朔二十日乙酉，遷葬于天柱鄉慶／雲里。以驤忝親，儒素見請，為詞謙讓，寔／恭作銘曰：

役拎其縣，班行最尊。言行雖著，／公幹曷論。名跡今絶，聲華尚存。／悲哉玉帛，空遺子孫。

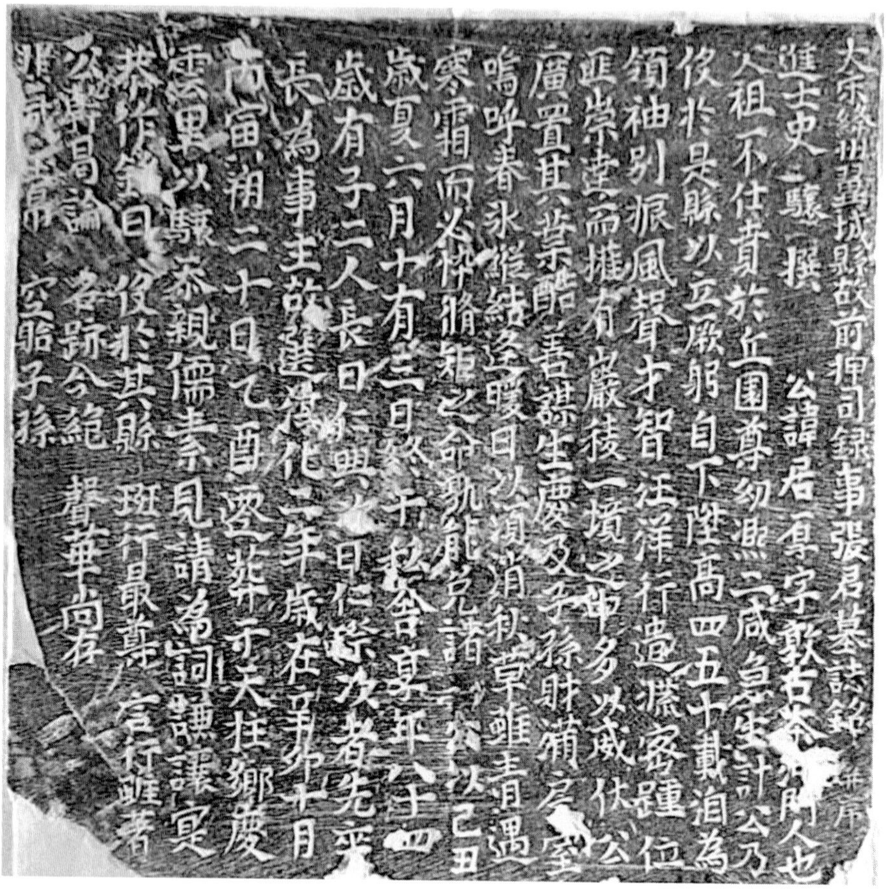
大宋絳州翼城縣故前押司録事張君墓誌銘并序
進士史□驤撰　公諱居□字敦古□□人也
大祖□不仕貴於丘園尊幼漁□咸息生計公乃
役於是縣以立厥躬自下陞高四五十載洎為
領袖別振風聲才智汪洋行□濟客鍾位
匪崇達而攏有嚴後一境之中多以威伏公
廣置其業酷善謀生盈慶及子孫財積□室
嗚呼春氷從結冬暖日以消消秋草雖青遇
寒霜而必悴循雅之命孰能免諸□□以己丑
歲夏六月十有三日終于私舍享年六十四
歲有子二人長曰仁興次曰仁遂次者先卒
長為事主故□□化二年歲在丙□十月
丙寅朔二十日乙酉遷葬于天柱鄉慶
雲里以驤忝親儒素見請為詞讓讓寔
恭作銘曰　役於其縣　班行最尊　言行雖著
公將曷論　名跡今絕　聲華尚存
唯□□□　宜貽子孫

三、宋王氏墓誌 景德四年(1007)十月二十七日

故瑯琊王氏夫人墓銘并序/

序曰：夫人祖貫蘇臺，為吳人也。父諱願，/皆傳令望，宗族豪門，夫人公之次女也。/幼從教練使高平郡范氏，有子二人：大/曰延祿，開張庫務；次入釋門。皆蘊孝賢，/英風無比。有女一人，良偶汝南郡周氏之門。夫人春秋五十有一，八月終于寢/室。維景德四年歲次丁未十月甲午朔二/十七日庚申，窆于長洲縣武丘鄉。用錢/五貫文足，於鄒勝邊卜地一段，東西南/北各九大步，封方界域焉。乃為讚曰：/

孤墳青青，逝水泠泠。孟光婦道，冀缺妻貞。/天柱有頃，斯文永寧。不榭不楹，長鎮泉扃。

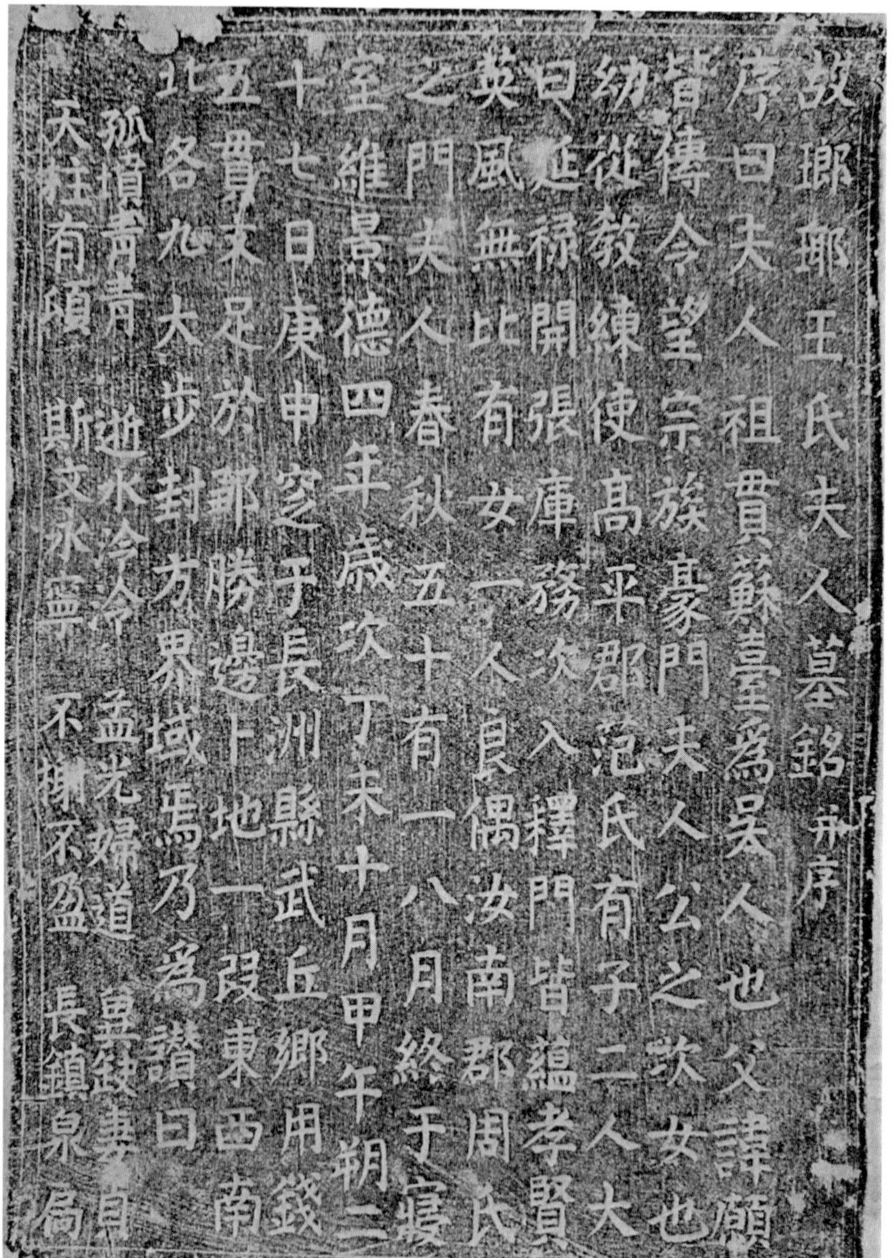
故瑯琊王氏夫人墓銘并序
序曰夫人祖貫蘇臺爲吴人也父諱顒
嘗傳令望宗族豪門夫人公之次女也
幼從教練使高平郡范氏有子二人大
曰延禄開張庫務次入釋門皆藴孝賢
英風無比有女一人良偶汝南郡周氏
之門夫人春秋五十有一八月終于寢
室維景德四年歲次丁未十月甲午朔二
十七日庚申窆于長洲縣武丘鄉用錢
五貫文足於郡勝邊卜地一段東西南
北各九大步封方界域焉乃爲讃曰
孤墳青青　逝水泠泠　孟光婦道　卑欽妻貞
天柱有傾　斯文永寧　不虧不盈　長鎮泉扃

四、宋裴□墓誌 天禧元年(1017)十一月二十六日

河東郡裴氏墓誌銘并序

鄉貢進士李□□撰。/

大宋傳嗣之三棻，改元祀曰天禧，其月仲冬，潁川造士陳致来謂陳曰：「□/總角而孤，父慈母愛，纫不及身，哀思惶惶，初無久生之意。頼姑家□氏□/撫無怠而寬誨之，三年喪畢，殘喘漸甦。其後，裴氏不遺孤稚，屢枉清/顧，悞巽勳賢，向席户而重出。於是弗邀種玉，辱東床之命。自姑迄今，□/十五年。共易貨財，如賢父之委令子。致愧非材，何克當之。然豊財巨產，/積勤而成，積勤之切，半自贊之。噫！微我懿親，子或勤而不念者，財雖□/不委者，况其子婿之異姓乎！得不永念奇遇，思取貴揚名，踵國士之報乎！/斯願未塞，裴氏暴疾而亡。而我室母令淑賢明，智深慮遠，數年之間，/克遵夫志，委信益隆。亦无怠於前，劳□竭诚而益之。不幸渐染沉疴，绵/歷歲時，盡遠迩之名醫、古今之妙藥，終莫辯其源而致其□矣。一日，呼言/曰：『死生有限，雖大聖賢不克延之，而况庶人乎！料斯疾也，必不克愈矣。我殁後，/財產若非先見，必貽後憂。』於是立遺書，悉付致焉。致勞讓數四，久不獲允。後/數日而告終，既荷生前之厚德，是欲倒□罄室，祔葬而豐報之。盖/國法有等級之限，不得展其志焉。或謂致曰：『何必侈俗尚而廣悦目之翫，方為之/報之也。但得異俗之士，贊送終之具□不□報之寂乎！』由是聞高僧惠超負一/行之能，請卜宅焉；聞山人郝□奪陽冰之妙跡，請篆盖焉；聞進士李貽範/得公權之筆法，請寫石□；聞足下有蔡邕之譽，請撰文焉。願光亡骨，勿為/辝而見讓也。」陳應之曰：「事貴實録，若失實而飾虛則乖。如在之格言而為，/亡者而欺矣。亡□□，靈必弗享其祀矣。願聆實說，用述文焉。」陳子乃言曰：「卜十一/月乙未朔廿六日庚申而獲吉焉。」載卜濟邑四郊之地，惟濟北鄉太安里而協吉/焉。□湖東者，郡之謂也。裴之者，姓之字也。之者，名之諱也。自纫而孤，諱者/聞於三代。公享年四十有六而亡，公良室宛氏享年五十有三而殁。有子二/人。齠齓而卒。有女二人：一妻致而長；一未笄。而季復為銘曰：/

夫淑婦哲，卓識非常。全傾巨產，預委東床。非求小報，殁後埋藏。/意在季女，孤恐遑遑。玉潤仁孝，不負先亡。送終禮厚，其德轉□。/婦妹未聘，大志昂昂。陪珎從寶，擇賢選良。瑣瑣弗納，汪汪莫□。/後有佳婿，無嗣何傷。異時晝錦，丘壠而光。

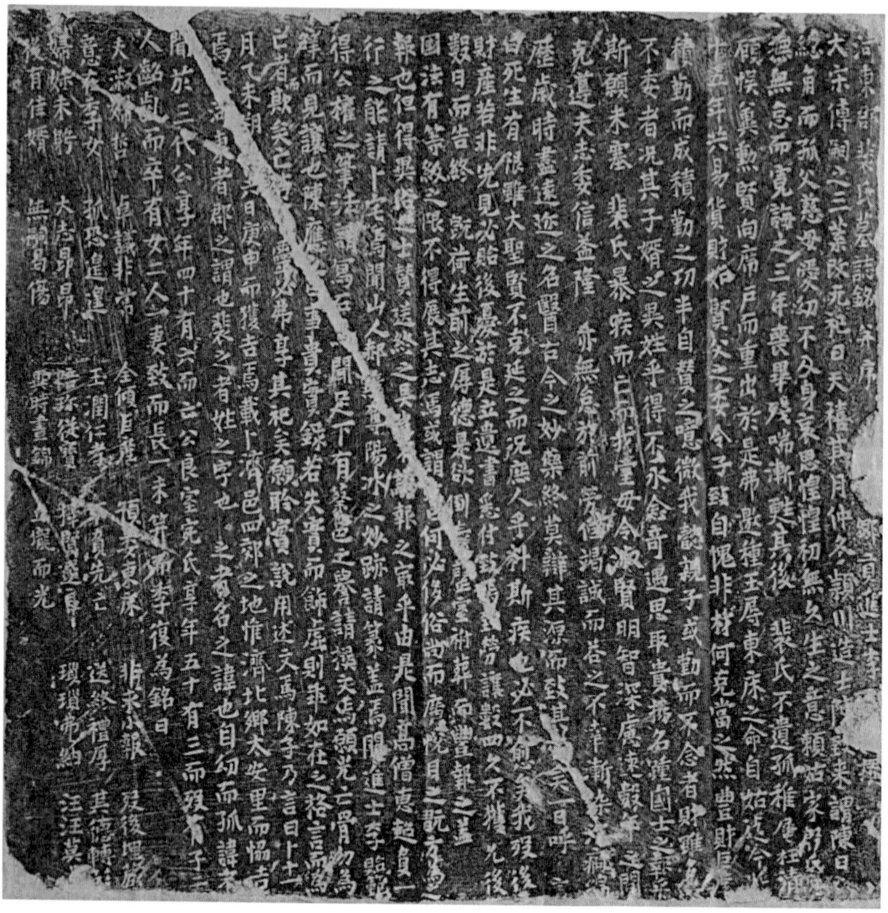

五、宋任平墓誌　慶曆七年（1047）七月

任平墓誌／

樂安任平好學為文近乎道，立身事親／成乎孝，志未遂名未立而身殞，嗚呼哀／哉！享年三十五，天禧四年卒于會稽府／署。未亡人裴氏再歸他姓，育女，適亳州／户掾張宗益。平之先也，贈太子太傅璉之孫，贈太子太師廷芳之次子也，見任／樞密副使、給事中之弟也。慶曆二年／七月營葬于河南府河南縣伊汭鄉中／梁村，附太師之域庚穴之西，禮也。為之／銘焉：

名不立，志不遂。身無官，後無嗣。無／古今，有如此。嗚呼哀哉！／

姪登仕郎、許州録事叅軍、監西京水南倉造書上石。

任平墓銘
樂安任平好學為文近乎道立身事親
成乎孝志未遂名未立而身殞嗚呼哀
哉享年三十五天禧四年卒于會稽府
署未亡人裴氏再歸他姓育女適亳州
户掾張宗益平之先也贈太子太傅璉
之孫贈太子太師廷芳之次子也見任
樞密副使給事中之弟也慶曆二年
七月營葬于河南府河南縣伊汭鄉中
梁村附太師之域庚穴之西禮也為之
銘焉名不立志不遂身無官後無嗣無
古今有如此嗚呼哀哉
姪登仕郎許州録事叅軍監西京水南倉造書上石

六、宋馬府君地券　皇祐二年（1050）正月二十八日

額正書：故府君地券

群玉峰道士陳子祥刊字。／

維太歲庚寅正月一日己丑朔二十八日丙辰，臨／江軍新淦縣興福里湖豈上保歿故／馬府君行年七十八歲。因向善法堂前聽經，路逢仙人賜酒，迷而不返，魂歸蒿裏，禮用／殯埋。今用銀錢一万貫扵開皇地主邊買得／土名奧城小坑軋山作丙向地一穴，已充／山宅。其地東止甲乙，南止丙丁，西止庚辛，／北止壬癸。已上四止為界，并及亡人隨身衣／裝，或地中兇神恶鬼，不得争占。如有此色，／捉送／武夷王、蒼林君，依條科罪，急急如律令。／

地神問曰：／誰為書，水中魚。誰為讀，／高山鹿。鹿何在，上高山。／魚何在，入深灣。

保人張堅固，／見人李定度。

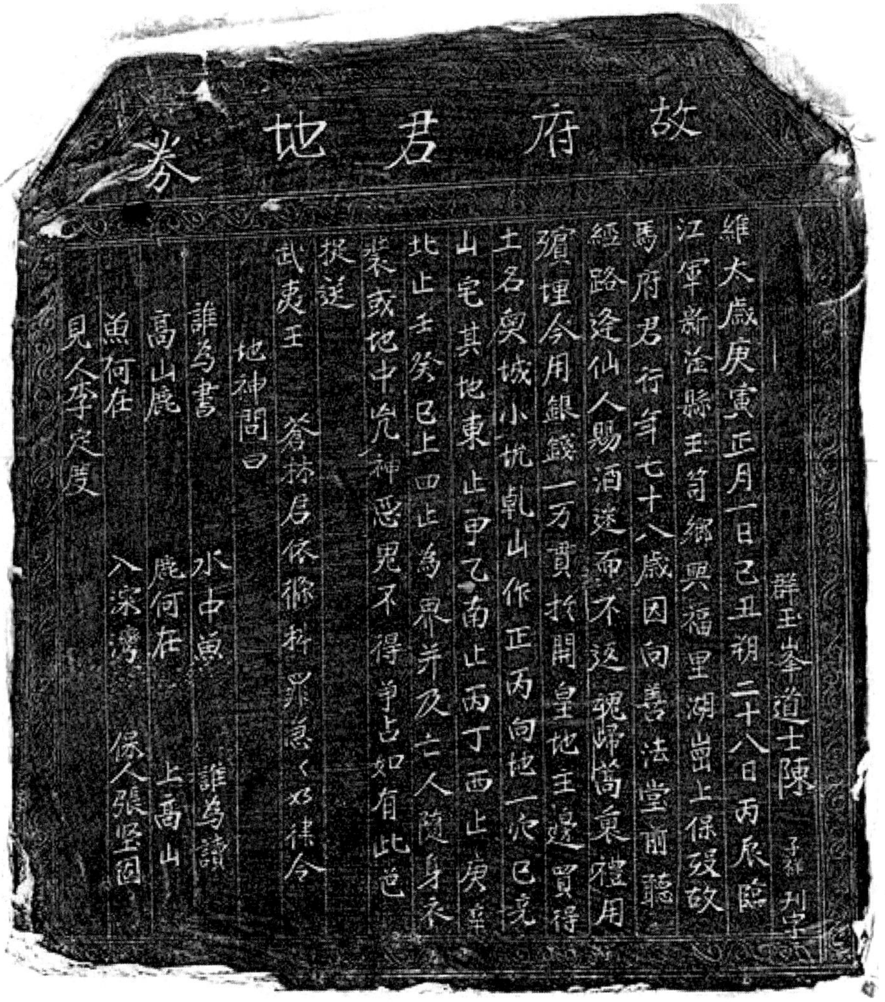
故府君地券

一　群玉峯道士陳子祥刊字
維大歲庚寅正月一日己丑朔二十八日丙辰臨
江軍新淦縣玉笥鄉興福里湖崗上保殁故
馬府君行年七十八歲因向善法堂聽
經路逢仙人賜酒遂命不返魂歸蒿里禮用
殯埋今用銀錢一万貫於開皇地主邊買得
土名奧城小坑乾山作正丙向地一穴已竟
山宅其地東止甲乙南止丙丁西止庚辛
北止壬癸巳上四止為界并及亡人隨身衣
裝或地中兇神惡鬼不得爭占如有此色
捉送
武夷王　斧持居依條斬罪急々如律令
地神問曰
誰為書　水中魚　誰為讀
高山鹿　鹿何在　上高山
魚何在　入深灣　保人張堅固
見人李定度

七、宋王習墓記　皇祐三年（1051）十二月七日

額正書七行：大宋／泉州／故都／知兵／馬使／王公／墓記

大宋泉州故都知兵馬使王公，皇祐二禩庚寅冬十月初六日庚申，以／病卒于郭之清江門內私第。逾月，出柩藁于郊之西南。逮次年辛／卯冬十有二月初七日甲申，葬于晉江縣養能里瓷竈村�北莊山之／原。磚砌壙室，考諸日星，以午方為向。將葬，有子壻鄭立謹為墓誌，／以紀公之迹。公諱習，第十五，辛巳生。體貌恢偉，美鬢髯。立性方直，不／妄言笑。其應對進退，出於人表，士人君子靡不欽慕。父諱仁偃，先卒。／母施氏，家令尤嚴。公與昆弟五人，事親以孝聞。兄早夭，／公雖以家産從役，温凊未嘗有闕。母為娶吳氏，生子九人。男二：曰則；曰孫。／女七，自第二十五而下。公事官恭謹，不喜賄賂，事上也敬，接下也睦。自客／司歷通引，至職負，九五十餘載。為都兵之三年秋九月，寢疾，以至于卒，享／年七十。凡在骨肉男女子孫處哭位者七十人，暨諸姻婭及在公私間無／服而泣者，不可勝計。嗚呼！初公病，立往省問，公猶整衣冠出見，迺曰：／「某肚有氣塊，膶不納食。雖服藥，疾且弗愈，命必止此，奈何！奈何！噫！某昔事／老母，二姊出嫁，三弟取婦，劬勞之力備嘗矣。母年至八十有六而終，喪／禮甚備。某今心猶�懷耳。然人亦有言：『人生百歲，七十者稀。』吾今七／十矣，男女事了，有無隨分。某倖免惡名於人間，雖死不憾。然以婚嫁／之費，家無儲資，未及得作佛事。」立思公之言，惜公之德，故為／墓誌寘之於壙。奠千萬年之下，或高岸為谷，棺柩見露，有仁者覩／之，得以奄藏焉。時趙宋皇祐三年冬十有二月日筆。

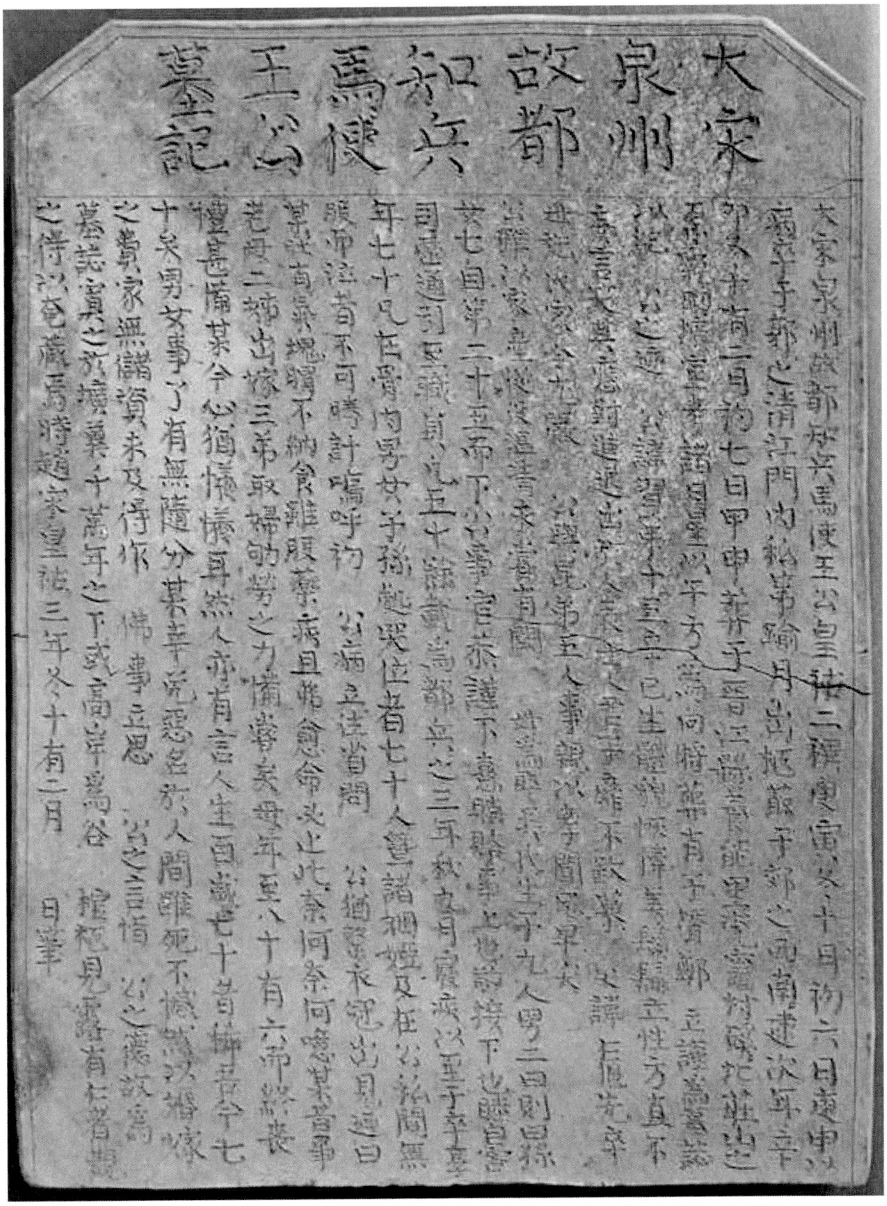
大宋泉州故都知兵馬使王公墓記

八、宋李大娘地券 嘉祐四年（1059）三月二十二日

維歲次己亥嘉祐四年三月二十二日丙辰，大宋国江西道／建昌軍南城縣旌善鄉再興里威匡保歿故亾人李大娘，用／錢玖百玖十玖貫文於東王公、西王母邊買得艮向地一／墳，安葬亡人李大娘在此，將為万年塚宅。元保見人張堅／固、李定度，各項分明為定。東至甲乙，南至丙丁，西至庚辛，北至／壬癸，中至戊已為界。東有章光，南有麒麟，西有師子，北有／無極。左有青龍，右有白虎，前有朱雀，後有玄武。上至無／窮之處，下至黃泉之地。裏有土府父母、蒿裏父老。土下二千食／禄，便相和合亾人安穩，不得妄有爭奪。千年万歲為期，和／益子孫，代代不絶。太上老君請照。誰為書，水中魚。誰為證，天上鶴。／魚何在，入深灣。鶴何在，飛上天。已後若要相尋覓，／万万九千年。分赴太上老君，先斬後奏，急急如律令。

九、宋揭四郎地券　熙寧三年（1070）十一月五日

額正書：謹具地券

維熙寧三年歲次庚戌十一月戊子朔初／五日壬辰，即有大宋洪州豊城縣長寧鄉／先賢里張熻保般德社歿故亡人揭四郎，甲戌生，行年／三十七歲。天降大禍，命帰泉府。今用金銀／錢財酒果扵五土明王及開皇地王邊買得／土名高塘坑南离山頭吉地一穴，作癸向，加丑三分。其地／東止甲乙青龍，南至丙丁朱雀，西止庚辛／白虎，北止壬癸玄武。上止青天吉星，下止黃／泉水口，中央戊己當心下穴。墓內若有金／銀寶貝，並是亡人所管，不干外神之事，永／為亡人万年山宅。急急如律令。／見人張堅固，保人李定度，書人天官道士。

十、宋胡氏墓誌 熙寧四年（1071）八月二十日

贈銀青光禄大夫、尚書刑部侍郎王公諱汲之／夫人曰胡氏。曾祖諱摽，益州長江縣令。祖諱邵詢，永寧軍判／官。父諱惟忠，閬州閬中縣尉。母劉氏。夫人始年十六而／有歸，凡四十一年，而嫠又三十年。其子尚恭為太常少卿、同判西京國／子監，時夫人蓋年八十七矣。夫人性和仁，少喜怒，飲食起居／有常節。故平居不服藥而亦無疾恙之苦，間誦道佛書數篇。薄飲酒，豐／約自如。每歲時，必召親婣，攜子孫，遊園林山水之間，淡然若方外人也。／一日，伏枕，浸不食而逝，熙寧三年十二月六日也。明年，祔于河南府洛／陽縣賢相鄉上店村西原侍郎公之墓，八月二十日也。侍郎／公先世果州，夫人三代皆仕蜀，妣劉氏即蜀相歐陽炯之外／孫。家風靖約，故夫人幼德稱諸閨門。逮事皇姑南充縣太君／胥氏，左右旨甘，躬執祭事，內外宗族一無間言。雖踈屬之子孫，亦為賙／恤教養之，至于嫁娶成立者衆矣。豈婦正之賢，母慈之德，終始有裕者／乎！初封安定縣君，以子登朝，進封太君，改封長樂縣太君。男三人：／長即太常君也；次尚喆，著作佐郎，早卒；次尚辭。女五人：長適殿中丞吳／感；次適左藏庫副使、知施州朱漸；次適三司度支副使、尚書兵部郎中／楚建中；次適進士尹朴；次適蔡州司戶參軍張偉。王氏自侍郎公／始居河南，吾里人推為令族。將葬，屬余為銘，銘曰：

生于蜀，歸于洛。／既壽而臧，男娶女歸。有子而賢，不世其昌。余甞從太常君遊上堂，拜／夫人問起居。夫人服道士衣，神閑氣清，語聲愉愉。奄乎不還，驚嗟／里閭。誰哀姆師，有百送車。

朝奉郎、守尚書兵部員外郎、集賢校理、／直舍人院、同脩起居注、同知審官東院、詳定三司令勑歲計條例、輕／車都尉河南陳繹撰。

河南監牧使、朝奉郎、守尚書司封郎中、上輕／車都尉、賜紫金魚袋魏郡劉航書。

三司度支副使、朝奉郎、守尚書／兵部郎中、上柱國、賜紫金魚袋南郡楚建中篆蓋。

閻永真刻。

宋贈銀青光祿大夫尚書刑部侍郎王公諱汲之
夫人曰胡氏 曾祖諱標益州長江縣令 祖諱邵詢永寧軍判
官 父諱惟忠閬州閬中縣尉 妣劉氏 夫人始年十六而
有歸凡四十一年而寡又三十年其子尚恭爲太常少卿向判西京國
子監時 夫人蓋年八十七矣 夫人性和仁少喜怒飲食起居
有常節故平居不服藥而亦無疾恙之苦閒誦道佛書數篇薄飲酒豐
約自如每歲時必招親姻攜子孫遊園林山水之閒淡然若方外人也
一日伏枕浸不食而逝熙寧三年十二月六日也明年祔于河南府洛
陽縣賢相鄉上店村西原 侍郎公之墓八月二十日也 侍郎
公先世果州 夫人三代皆仕蜀 妣劉氏即蜀相歐陽炯之外
孫家風靖約故 夫人幼德稱諸閨門逮事 皇姑南充縣太君
胥氏左右甘躬執祭叓內外宗族一無閒言雖疏屬之子孫亦爲嗣
恤教養之至于嫁娶成立者衆矣豈婦正之賢母慈之德終始有裕者
乎初封安定縣君以子登 朝進封太君改封長樂縣太君男三人
長即太常君也次尚喆者作佐郎早卒次尚辭女五人長適殿中丞吳
處次適左藏庫副使知施州朱漸次適三司度支副使尚書兵部郎中
楚建中次適進士尹朴次適蔡州司户參軍張偉王氏自 侍郎公
始居河南吾里人推爲令族將葬屬余爲銘銘曰 生于蜀歸于洛
既壽而藏男娶女歸有子而賢不世其昌余嘗從太常君遊上堂拜
夫人問起居 夫人服道士衣神閑氣清語聲愉愉奄忽不遂驚嗟
里閭誰哀姆師有百送車 朝奉郎守尚書兵部員外郎集賢校理
直舍人院同脩起居注同知審官東院詳定三司令勅歲計條例輕
車都尉河南陳繹撰 河南監牧使朝奉郎守尚書司封郎中上輕
車都尉賜紫金魚袋魏郡劉航書 三司度支副使朝奉郎守尚書
兵部郎中上柱國賜紫金魚袋南郡楚建中篆蓋 閻永真刻

十一、宋修二娘地券 熙寧四年(1071)十二月十日

□維皇宋太歲辛亥㶷寧四年十二月一日辛亥朔初十日/庚申，既有洪州豊城縣富城鄉廷德里蕩源村下坊杜□，/有歿故亡人修二娘癸巳生，行年七十九歲。行不擇日，出/不時。因向南𡼏採花，路逢仙人賜酒一盃，因醉而死，/𡨭歸蒿里。今用銀錢九万九千九百九十九分，買得/土名落城亁兊山頭子向地一墳，將與修二娘為萬年/塚宅。其地東止甲乙青龍，南止丙丁朱雀，西止庚辛/白虎，北止壬癸玄武。上止皇天，下黃泉，中央戊己。並/屬歿亾人修二娘所管，管內不得有邪神堪問。/亡人修二娘行理所有隨身衣物行裝，不得有/邪神來争奪。如有此色，即分付，急急律令，/太上誅斬。書人功曹，讀人傳送，證人赤松子。鹿/在何，高山；魚河，入深灣。若相尋覓，但來東海邊。

十二、宋喬用和墓誌　熙寧五年（1072）十月二十七日

額正書：宋故喬君墓誌銘

宋故喬君墓誌銘

鄉貢進士李僎撰。/

君諱用和，字子正，世絳州正平人也。曾高以降，/樂治生計，不求仕進。君嗣其守，殫精勠力，日增月累，卒至厚產，此《易》所謂「有子考，无咎」者，非君/而誰然。君自幼及長，資性淳厚，與人交而有信。/凡款施為措置，事無細巨，皆有法則。由是，里巷/仰服。君之豆於智巧，一有所舉，往往就而受教/焉。故衆因号之曰「百會」，蓋美其多能如是之極，/益見異於常輩遠甚。君享年五十有二，病卒于/家，時至和二年正月九日也。其配曰李氏，賢淑/有婦德。子男一人，継嵩，篤行孝謹，能述父之志。/將用熙寧五年十月二十有七日，葬君於夲縣/九高鄉思賢里。求文于余，不獲固辞，為之銘曰：/

嗚呼喬君，凡有所為，不失法則，可謂智矣！/善治其生，卒至溫厚，可謂能矣！/嗣得其子，葬盡其禮，信無媿矣！/

將仕郎、試將作監主簿張象書。

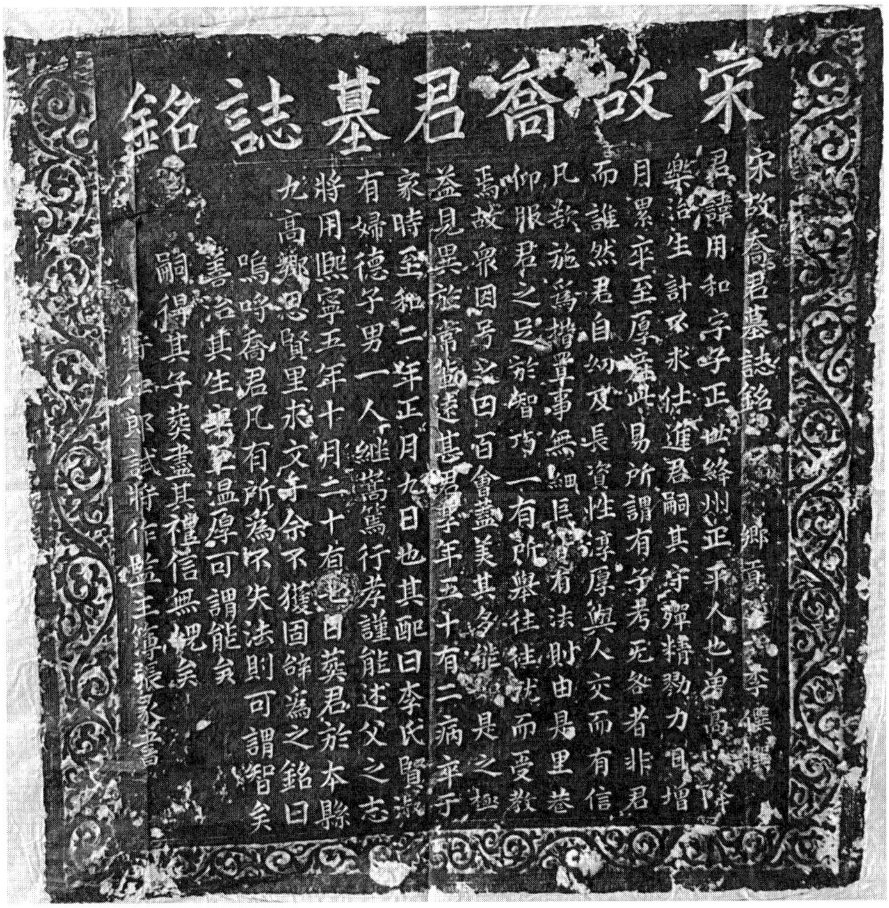

宋故喬君墓誌銘

宋故喬君墓誌銘 鄉貢[illegible]李僎撰
君諱用和字子正世絳州正平人也曾高以降
樂治生計不求仕進君嗣其守殫精勠力日增
月累卒至厚[illegible]易所謂有子考无咎者非君
而誰然君自幼及長資性淳厚與人交而有信
凡欵施爲措置事無細巨皆有法財由是里巷
仰服君之足於智巧一有所舉往往就而受教
焉故衆因号之曰百會蓋美其多能[illegible]是之極
益見異於常流遠甚君享年五十有二病卒于
家時至和二年正月九日也其配曰李氏賢淑
有婦德子男一人繼[illegible]篤行孝謹能述父之志
將用熙寧五年十月二十有七日葬君於本縣
九高鄉思賢里求文于余不獲固辭爲之銘曰
嗚呼喬君凡有所爲不失法則可謂智矣
善治其生[illegible]温厚可謂能矣
嗣得其子葬盡其禮信無愧矣
將仕郎試將作監主簿張[illegible]書

十三、宋孫鑄墓誌　熙寧七年（1074）二月四日

□郎□道州寧遠縣尉孫府君墓誌銘并序 /

承奉郎、守殿中丞致仕、賜緋魚袋侯紹復撰并書篆蓋。/

君諱鑄，字師顏，其先出自樂安後裔，有渡河而南徙者，今為洛陽 / 人焉。曾祖諱璞，晦迹不仕。王父諱琪，累贈水部員外郎。考諱紘，中 / 散大夫、尚書都官郎中。君乃中散之弟三子也。自童稚不戲弄，及 / 就學，孜孜有成人之志。既冠，應進士舉，獲天府高薦。當時場屋□流，指君為俊傑，謂其必登甲科。無何，不利於殿試。爾後，屢遭□ / 難，稍沮其進取之意。從叔父大諫集賢學士諱僅，器君於諸子姪 / 之間，淂選鄉薦，而所履端方，於祥符三年以恩奏君試將作監 / 主簿。調集吏部，淂道州寧遠尉。到官恪慎，不逾憲法，治狀有聞。方 / 期漸履亨途，不幸感大疾，以求歸閑，尋訪名醫治之。既還洛陽，厥 / 疾弗瘳，以天禧元年十一月三日卒於侯氏舘舍，享年三十七。君 / 始娶喬氏，先亡。再娶侯氏，即中書令齊國公孫女也，亦継君之亡。/ 喬氏夫人生女二人：長適進士諸葛駿；次適進士湯師奭。侯氏夫 / 人生一男，曰景。侯夫人雖生公侯家，懿範無驕恣，柔順有婦節。自 / 君弃世，景方四歲，昏昕以義方教導，遂至成立。習性謹願恭慤，□ / 不逮仕祿，竟為當世善士，此乃慈訓之驗。俾中散、寧遠継其蒸□，/ 實侯夫人力焉。深可嗟悼！其嗣孫抃亦継父之行，以襄事人後□ / □重，遂卜窆於高敞之原，舉君及奉二夫人之喪，合葬於河南□ / □□龍門村祖莊西，禮也。其用甲寅熈寧七年二月四日，抃區□ / □□喪事，掩壙有期。狀君履行，告予銘石。義不克讓，銘曰：/

□君之才行不遇於時，一命不及設施。感疾未過中年而殂，□ / 乃天命不偶者如斯。其立嗣兮，賴侯夫人誨育之慈。哀哉！/

張琇鐫。

□郎□道州□縣尉孫府君墓誌銘并序
承奉郎守殿中丞致仕賜緋魚袋侯紹復撰并書篆蓋
君諱鑄字師顏其先出自樂安後裔有渡河而南徙者今為洛陽
人焉曾祖諱璞晦迹不仕王父諱琪累贈水部員外郎考諱紘中
散大夫尚書都官郎中君乃中散之第三子也自童稚不戲弄及
就學孜孜有成人之志既冠應進士舉獲天府高薦當時場屋名
流指君為俊傑謂其必登甲科無何不利於殿試爾後屢遭
難稍沮其進取之意從叔父大諫集賢學士諱僅器君於諸子
之間得選鄉薦而所履端方於祥符三年以恩奏君試將作監
主簿調集吏部得道州寧遠尉到官恪慎不逾憲法治狀有聞方
期漸履亨途不幸感大疾以求歸闕尋訪名醫治之既還洛陽厥
疾弗瘳以天聖元年十一月三日卒於侯氏館舍享年三十七君
始娶高氏先亡再娶侯氏即中書令齊國公孫女也亦繼君之亡
高氏夫人生女一人長適進士諸葛騤次適進士湯師奭侯氏夫
人生一男曰景侯夫人雖生公侯家懿範無驕恣柔順有婦節自
君棄世景方四歲昏昕以義方教導遂至成立習性謹愿恭愨
不逮仕祿□□為當世善士此乃慈訓之驗俾中散寧遠繼其蒸嘗
實侯夫人力焉深可嗟悼其嗣孫於亦繼父之行以襄事人後
□重遂□窆於高敞之原舉君及奉二夫人之喪合葬於河南
□龍門村祖瑩西禮也其用甲寅熙寧七年二月四日於區
□喪事掩壙有期狀君履行告予銘石義不克讓銘曰
□君之才行不遇於時一命不及設施感疾未過中年而殂
乃天命不偶者如斯其立嗣考賴侯夫人誨育之慈哀哉
張瑀

十四、宋宋世昌墓誌 元豐元年(1078)正月二十七日

額篆書：宋故三班奉職宋府君墓誌銘

宋故三班奉職宋府君墓誌銘有序 /

鄉貢進士梁國張起撰。 /

弟銀青光禄大夫、撿挍太子賓客、兼御史大夫、左藏庫副使、權帶御器械、勾當皇城司、騎都尉、開國男、食邑三百戶宋世隆書。 /

登仕郎、前守絳州録事糸軍張成務篆。 /

公諱世昌，字子京，東京開封縣人，太師、侍中諱彥筠廼其元祖也。公即 / 左驍尉大將軍諱崇義府君之曾孫，祕書郎諱可昇府君之孫，左監門衛將 / 軍諱文質府君之子。公繇仁宗朝女弟入掖庭為直筆，恩奏 / 三班借職，出監京兆府藍田縣酒稅。既涖局，以能稱。府尹資政殿學士鄭公 / 戩多公之能，秩滿，再舉監夲府涇陽縣酒稅，例改三班奉職。繇是， / 公益以廉勤任己。至於宿弊，思盡懲革，故姦吏者率皆患之而竄跡。 / 公罷職，恬然樂於退處，固不以仕進為意。尋遷汝陽，因以家焉。公性倜 / 儻，恥拘小節，凡治產業之暇，唯以燕遊自適。生平所交結，非權豪未之許也。 / 治平三年十二月二十六日，因疾而終，享年五十八。公娶鄭氏，有子一 / 人，曰良孺，娶申氏。方公之始感其疾也，重以幼稚為念，而無所顧託其 / 家者。因召伯氏之子良佐，屬其事。及公卒，夫人鄭氏廼與良佐居焉。故 / 事無巨細，一皆委之。後六年，夫人鄭氏卒，時熙寧五年六月二十一日也，享 / 年五十六。是年秋九月初四日，良孺亡，年十九。越明年五月二十有五日，申 / 氏即世，年二十。良孺有女一人，曰汝娘，早夭。男一人，曰秤住，在襁褓而孤。至 / 是，獨依良佐以為鞠養。而良佐惻怛動其誠，故甞戒其家人，使夙夕勤於撫 / 育，雖己之子，不是過也。庶蘄叔父之祀，有所承焉。不幸，其孤不數月而夭逝， / 公之嗣迨此而絕。嗚呼！公之所以然者，其天乎其人乎！又安得而知乎！ / 豈三世之戒，有以致乎，是可哀也哉！良佐以叔父而下喪者凡九，雖皆殯諸 / 佛舍，而為歸葬于先域。良佐不忍負其所託，因具其事之始終，以牒訴于官， / 匄其瘞埋之費。官廼析公貲產之十一歸良佐，又以錢三十萬，俾營襄 / 事，皆從著令也。良佐以元豐元年正月二十七日，舉葬于西京河南縣賢相 / 鄉杜澤里，附先塋之次也。銘曰： /

昭昭之鑒，高不可欺。其冥之理，幽莫能知。 / 於戲宋公，族崇位卑。以

何施報，絶其夲支。/賴兄之子，送終析貲。可哀可悼，著此銘詩。

劉有方刻。

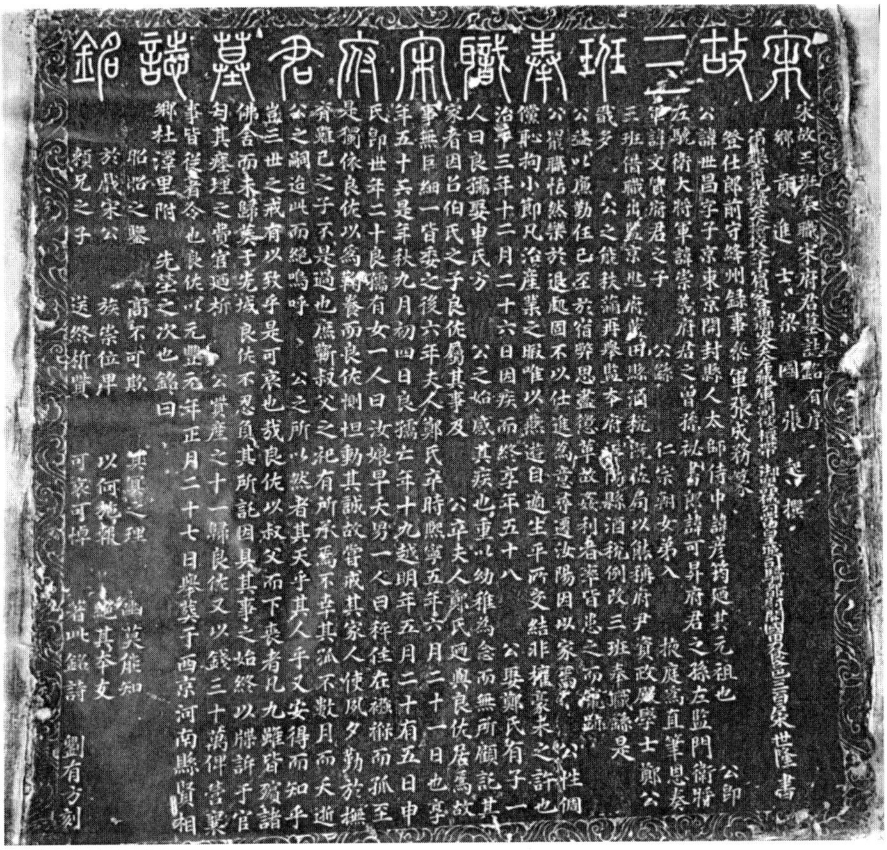
宋故三班奉職宋府君墓誌銘

十五、宋趙子瓛墓記　元豐四年（1081）九月十四日

宋宗室右監門衛大将軍令揭第三男墓記／

翰林學士、承議郎、知制誥、權判尚書禮部、判集賢院、提舉司天監公事、上輕車都尉、臨川縣開國男、食邑三百戶、賜紫金魚袋臣王安禮撰。／

翰林書藝、御書院祗候臣吳鼎臣書。／

宗室子瓛，武成軍節度使、楚國公守巽之曾孫，越州／管內觀察使、會稽郡王世清之孫，右監門衛大將軍／令揭之子。母曰寧國縣君魏氏。熙寧十年南郊，恩授／三班奉職。元豐三年八月二十一日卒，始十歲。明年／九月十四日，葬于河南府永安縣之西原。謹記。／

中書省玉冊官臣郭中立鐫。

宋宗室右監門衛大將軍令揭第三男墓記
翰林學士朝奉郎知制誥權判尚書吏部兼提舉在京諸司庫務上騎都尉臨沂縣開國男食邑三百戶賜紫金魚袋臣王安禮撰
翰林書藝 御書院祗候臣吳 鼎臣書
宗室子瑱武成軍節度使楚國公守巽之曾孫越州
管內觀察使會稽郡王世清之孫右監門衛大將軍
令揭之子母曰寧國縣君魏氏熙寧十年南郊恩授
三班奉職元豐三年八月二十八日卒始十歲明年
九月十四日葬于河南府永安縣之西原謹記
中書省玉冊官臣郭中立鐫

十六、宋葉當墓誌 元豐七年（1084）十月

思及墓誌銘／

從姪諱當，字思及，其先建寧人，生扵窮鄉深谷之中，無衣冠簪／紼之襲自。當少而颖悟，長而長扵诗書禮易之學，泛扵莊老之／间，鑿空而究之，皆不能逃扵方寸间。有叩之者，若璽之緒絲也。／浩乎百家子史，無所不覽。凡經目則記扵心，诵扵口。意有所激，／書為長歌以泆之。奔放踏踏，飄灑擺脫，其胷中之豪氣，則磅礴乎崐崘。或吟五七字詩，與人酬唱，立其僕以待之，如宿所構，氣／直無所屈。視人有不至，激激似不可容，直辨扵其前，淂則喜不／能自勝。急人之善，每有所闻，恨不一日千里。歷場屋，風问藹然。／熙寧二年，始与计諧命。國朝以隋唐之舊制雕虫琢刻，使／士不淂以魁偉傑特之才適其用，道一新之，以經明行脩者充／有司之選。由是，再籍名薦。元豐五年，復試春官氏，遊從中翕然／稱之。夫何事與意戾，士大夫無不嗟惜其才之美而不見取，其／亦命也邪！六年夏，遘疾踰旬，歎曰：「使予遂止扵此。」飭其家人殯／葬之時日：「待吾去後百日，扵東山乞文以誌其事。」言訖而終，享／年五十。娶江氏，生男一女一，尚幼。以七年十月葬扵西山。有文／集十卷著扵世。嗚呼！自古賢達通性禮者，視死生之際豈能動其心哉！銘曰：／

天與之才而不付之以時，使其終窮理而知其帰歟！／

前泉州惠安縣主簿葉修甫撰并書，章誠刻字。

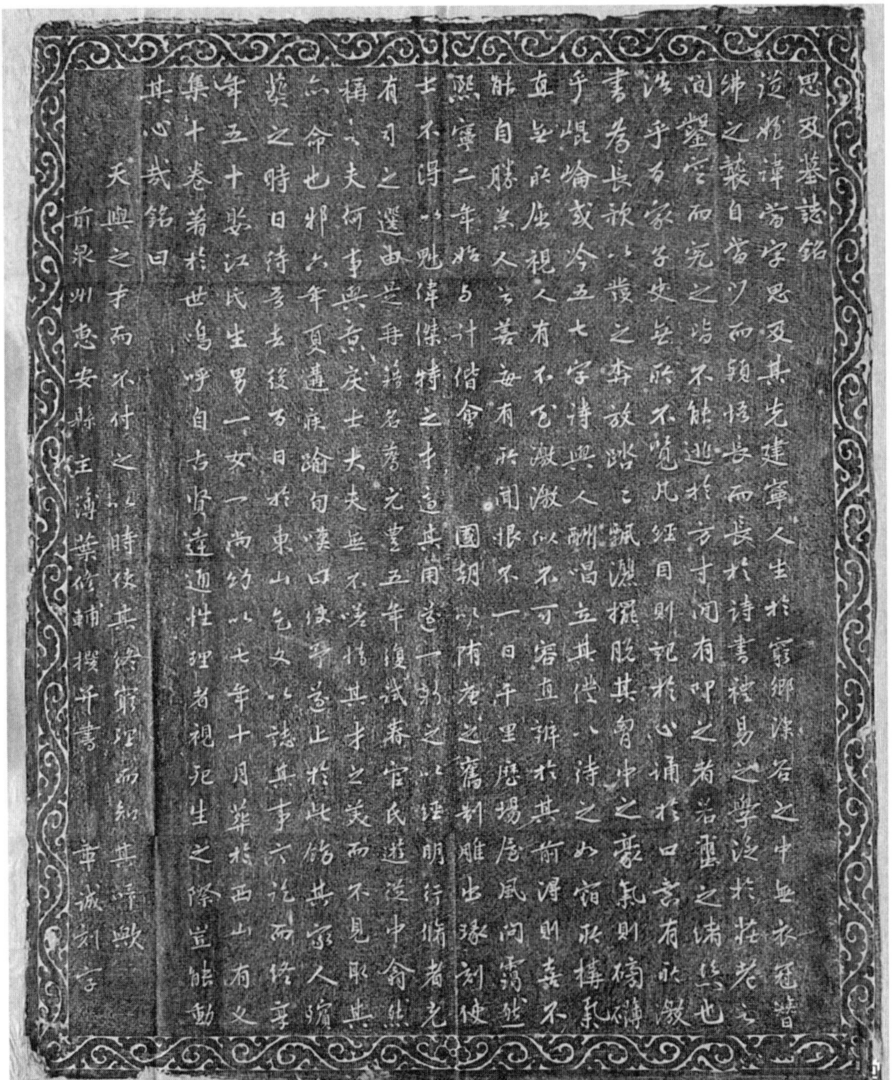

思乂墓誌銘

從姓諱當字思乂其先建寧人生於窮鄉深谷之中無衣冠簪
紼之襲自當少而穎悟長而長於詩書禮易之學泛於莊老之
間鑿學而究之竅不能逃於方寸間有叩之者若壅之緒然也
涉乎百家子史無所不覽凡經目則記於心誦於口言有所激
書為長歌以發之奔放踔踔飄激擺脫其胸中之豪氣則磅礴
手唱喻或吟五七字詩與人酬唱立其侍以詩之如宿所搆氣
直無所屈視人有不足激激似不可容直辨於其前得則喜不
能自勝然人之善每有所聞恨不一日千里歷場屋風間靄然
熙寧二年始與計偕會　國朝以隋唐之舊制雕出琢刻使
士不得以魁偉傑特之才追其前志一新之以經明行脩者光
有司之選由是每籍名薦之書五年復試春官氏遊從中翁然
稱稱夫何事與意戾士大夫無不嗟惜其才之美而不見取其
亦命也邪六年夏遘疾踰旬嘆曰使吾遂止於此貽其家人猶
葬之時日待吾去後百日於東山乞文以誌其事亦足而終享
年五十娶江氏生男一女一尚幼以七年十月葬於西山有文
集十卷著於世嗚呼自古賢達通性理者視死生之際豈能動
其心哉銘曰

天與之才而不付之以時使其終窮阨而知其淳歟

前泉州惠安縣主簿葉俊輔撰并書　章誠刻字

十七、宋戴二郎地券　元豐七年(1084)十二月十九日

額正書：宋故戴府君地券文

皇宋元豐七年甲子十二月丙寅朔十九日甲／申，有臨江軍新淦縣揚名鄉善化里慕善保／亡人戴二郎，行年七十歲。昨奉太上所召，自身當行，／今從禮葬。但孤子戴日彰与弟日敷上告／皇天，下扣后土。用錢禾匹帛、名香酒脯，就于／開皇府君買得新興里蔣沙保官莊土名官山南／坑口乾来西落甲向地一穴。東止甲乙青龍，南止丙丁／朱雀，西止庚辛白虎，北止壬癸玄武。上止青天，下／止黄泉。四止內，永為／亡人千年之山宅。所有隨身衣木，盡付前裝，／不得一神一鬼妄有爭占。如有此色，捉付／武夷王收禁。交錢人東王公，時見人日直。／皇帝問：誰為書，／水中魚。誰為讀，／高山鹿。鹿何在，／上高山。魚何在，／入深泉。奉／太上急急如律令。

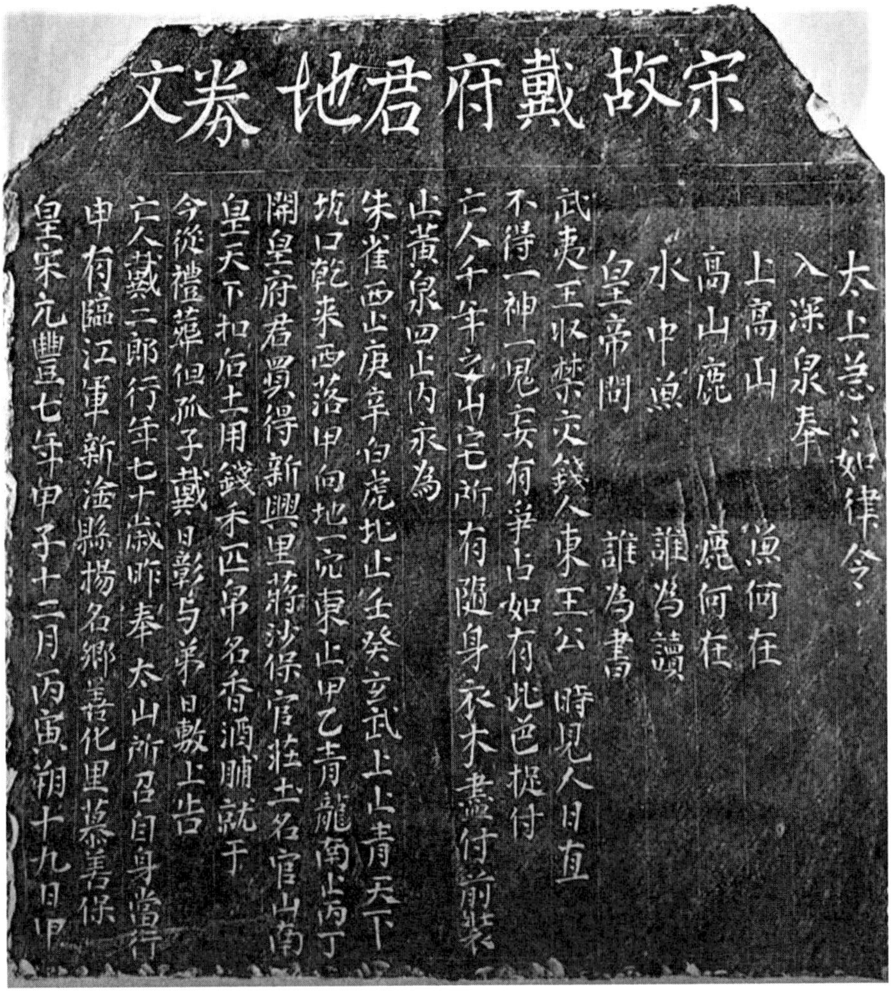
宋故戴府君地券文
太上急〻如律令
入深泉奉
上高山　魚何在
高山鹿　鹿何在
水中魚　誰為讀
皇帝問　誰為書
武夷王收禁定錢人東王公　時見人日直
不得一神一鬼妄有爭占如有此色捉付
亡人千年之山宅所有隨身衣木盡付前裝
止黃泉四止內永為
朱雀西止庚辛白虎北止壬癸玄武上止青天下
坑口乾來西落甲向地一穴東止甲乙青龍南止丙丁
開皇府君買得新興里蔣沙保官莊土名官山南
皇天下和后土用錢禾匹帛名香酒脯就于
今從禮葬但孤子戴異日彰与弟日敷上告
亡人戴二郎行年七十歲昨奉太山所召自身當行
申有臨江軍新淦縣揚名鄉善化里慕善保
皇宋元豐七年甲子十二月丙寅朔十九日甲

十八、宋艾氏墓誌　紹聖三年（1096）十二月三日

宋故夫人艾氏墓誌銘／

朝請郎、尚書吏部郎中、上護軍、賜緋魚袋韓治撰。／

左朝議大夫致仕、上柱國、賜紫金魚袋王東珣書。／

余九兄穆之，即／伯父朝議大夫、直祕閣諱正彥之第三子。嫡母／夫人曰王氏，壽安縣君。所生母艾氏，生穆之，三／歲乃去，歸父母家。後二十年，穆之既仕，知母在／外，刻志求訪。一日遇于京師，遂迎之官，孝養十餘／年，元祐四年十月初九日以疾終于密州之官舍，／享年五十六。穆之去官，心喪三年。紹聖三年十二／月初三日，因／伯父直閣公葬相州安陽縣新安村之塋，乃葬／夫人於孝親崇福院之側。夫人之為母道也，肅靜／而儉約，教勉厥子以有立。穆之雖從仕州縣，未嘗／輒廢學問，蓋方進而未艾也。穆之名韶，今為宣德／郎、知開封府鄢陵縣事。云銘曰：／

生而享有子之養，／歿得歸新安之原。／榮則多矣，復何恨焉。

宋故夫人艾氏墓誌銘
朝請郎尚書吏部郎中上護軍賜緋魚袋韓治撰
左朝議大夫致仕上柱國賜紫金魚袋王東玽書
余九兄穆之即
伯父朝議大夫直祕閣諱正彥之第三子　嫡母
夫人曰王氏壽安縣君　所生母艾氏生穆之三
歲乃去歸父母家後二十年穆之既仕知　母在
外刻志求訪一日遇于京師遂迎之官孝養十餘
年元祐四年十月初九日以疾終於密州之官舍
享年五十六穆之去官心喪三年紹聖三年十二
月初三日因
伯父直閣公葬相州安陽縣新安村之塋乃葬
夫人於孝親崇福院之側夫人之為母道也肅靜
而儉約教勉厥子以有立穆之雖從仕州縣未嘗
輙廢學問蓋方進而未艾也穆之名韶今為宣德
郎知開封府鄢陵縣事云銘曰
生而享有子之養
殁得歸新安之原
榮則多矣復何恨焉

十九、宋何七十九郎墓券　元符二年（1099）十一月二十四日

額篆書：宋故何府君墓券

維皇宋元苻二年歲次己夘十一月己巳朔二十四日壬／辰，歿故何七十九郎。龜筮葉從，相地襲吉，宜／於洪州豊城縣長寕鄉流臺里益崗原安厝／宅兆。謹用錢財五綵信幣，与開黃主買得乹山／亥落巽向地一穴，東西南北各十步。東止青龍，西／止白虎，南止朱雀，北止真武。內方勾陳，分掌四／域。丘承墓伯，分步界畔。道路将軍，齊整阡陌。／千秋万歲，永无殃咎。若有干犯訶犯者，将／亭長收付河伯。今以牲牢酒餅、百味香辛，共／作信契，財地交相分付。工匠修營安厝已後，／永保休吉。知見人歲月主，保見人今日直符。故／氣邪精，不得忏怦。先有居者，永避万里。若／違此約，地苻主吏自當其禍。主人內有存／亡，悉皆安吉。急急如太上律令。

二十、宋趙子薦墓記 元符三年(1100)八月八日

宋宗室三班奉職墓記/

翰林學士承旨、中大夫、知制誥、兼侍讀、修國史、上柱國、南陽郡開國公、食邑二千二百戶、實食封貳伯戶、賜紫金魚袋、/翰林書藝局藝學、兼講筵、應奉御書臣李安中書。/

君諱子薦，字彥恭，/太祖皇帝七丗孫也。曾祖從讜，故同州觀察使、馮翊侯；祖丗智，/故開府儀同三司、申國公；父令沂，右武衛大將軍、饒州團練使。/母王氏，永安縣君。紹聖二年，/明堂大禮，授三班奉職。元符二年四月十八日，以疾卒于邸第，/享年十有三。君天性仁孝，溫厚寡言。其平居燕私，惟以讀書自/娛，尤精律詩，善筆札，論議非經史不出於口。以是年八月八日/祔葬于河南府永安縣，謹記。/

少府監玉冊官臣蹇思刻。

二十一、宋仇果墓誌 元符三年（1100）十一月二十一日

宋仇君定烈墓誌銘 /

鄉貢進士范璋撰。 /

鄉貢進士王應書。 /

君諱果，字定烈，青州益都縣人。居士清源君 / 國卿之子，贈承事郎諱公佐之孫，鄉貢進 / 士諱諫之曾孫也。定烈敏悟有孝行，人无閒 / 言。治《尚書》《春秋》，工屬文，今右丞黃公履向鎮 / 是邦，甞稱其能。舉進士，再試禮部，不見取扵 / 有司，志益勤篤。元符三年冬，定烈叔父承 / 議郎俞將調官京師，約遊上庠，終其業，欲大 / 就之。未幾，卒于家，實是年十一月十三日也， / 享年三十六。娶李氏，生三女，並幼。嗚呼！定烈 / 誠善人，志不克就，無男子以嗣，何命之薄如此，豈韓吏部所謂不我者天耶！聞者傷之。後 / 二十有一日丙申，居士卜葬于縣之永固鄉 / 雲門里東鄧之原，諉璋為銘，銘曰： /

青城之西，洋水之涯。 / 刻文壙石，藏君扵斯。 /

蘇從禮刻。

宋仇君定烈墓誌銘
鄉貢進士范琸撰
鄉貢進士王應書
君諱果字定烈青州益都縣人居士清源君
國卿之子贈承事郎諱公佐之孫鄉貢進
士諱諫之曾孫也定烈敏悟有孝行人無閒
言治尚書春秋工屬文今右丞黃公履向鎮
是邦嘗稱其能舉進士再試禮部不見取於
有司志益勤篤元符三年冬定烈叔父承
議郎俞將調官京師約進上庠終其業欲大
就之未幾卒于家實是年十一月十三日也
享年三十六娶李氏生三女並幼嗚呼定烈
誠善人志不克就無男子以嗣何命之薄如
此豈韓吏部所謂不戒者天耶聞者傷之後
二十有一日丙申居士卜葬于縣之永固鄉
雲門里東鄧之原諉琸爲銘二曰
青城之西　洋水之涯
刻文擴石　藏君於斯
蘇從禮刻

二十二、宋甘大娘地券　崇寧三年（1104）九月二日

額正書：隴西夫人地券

維皇崇寧三年歲次甲申九月辛未朔初二日壬申，/大宋国江南西路洪州豊城縣富城鄉同造里新田坊後/塘保殁殆亾人甘大娘，行年八十歲。命奄泉府，礼用/安葬。今用錢一万貫，買得此艮山丁向地一穴。東止甲/乙，南止丙丁，西止庚辛，北止壬癸。中央与亾人甘氏為/塚宅。地內若有金銀寶物，亦任亾人主管，死神不得/争占。此地或有前亾君子、後化女人，並為隣/里。伏屍故氣，不得妄有呵責。准此地券。/見人張堅固，保人李定度。/書人年直符，刊人日直符。

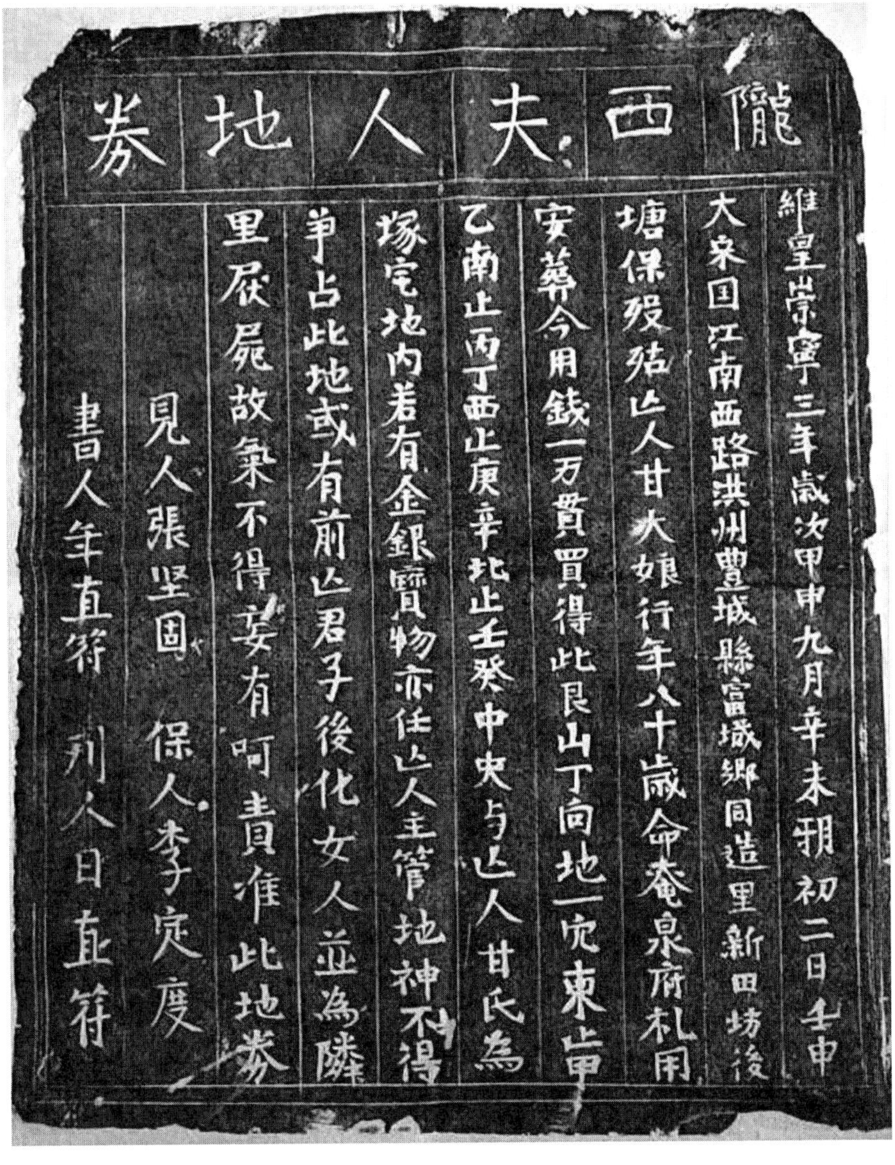

隴西夫人地券

維皇宋崇寧三年歲次甲申九月辛未朔初二日壬申
大宋国江南西路洪州豐城縣富城鄉同造里新田坊後
塘保殁故亡人甘大娘行年八十歲命奄泉府礼用
安葬今用錢一万貫買得此艮山丁向地一穴東止
乙南止丙丁西止庚辛北止壬癸中央与亡人甘氏為
塚宅地内若有金銀寶物亦任亡人主管地神不得
爭占此地或有前亡君子後化女人並為隣
里厎屍故氣不得妄有呵責准此地券
見人張堅固　保人李定度
書人年直符　刋人日直符

二十三、宋趙令茨墓誌　大觀二年（1108）十二月二十七日

宋宗室右侍禁墓誌銘并序／

翰林學士、承議郎、知制誥、充學制局同編修官、兼實録修撰、賜紫金魚袋臣葉夢得撰。／

翰林書蓺局蓺學臣張舜卿書。／

君諱令茨，字堯基，贈集慶軍觀察留後、南／康郡公惟能之曾孫，贈保静軍觀察留後、／同中書門下平章事、追封遂寧郡王從古之孫，虔州管內觀察使世設之子。以虔州／恩授右班殿直，遷左班殿直、右侍禁。大觀／二年六月十一日卒，享年二十有二，娶曹／氏。是年十二月二十七日，葬河南府永安／縣。銘曰：／

壽夭雖殊，其致則一。／不齊齊之，安此幽室。／

少府監玉冊官臣蹇思刊□。

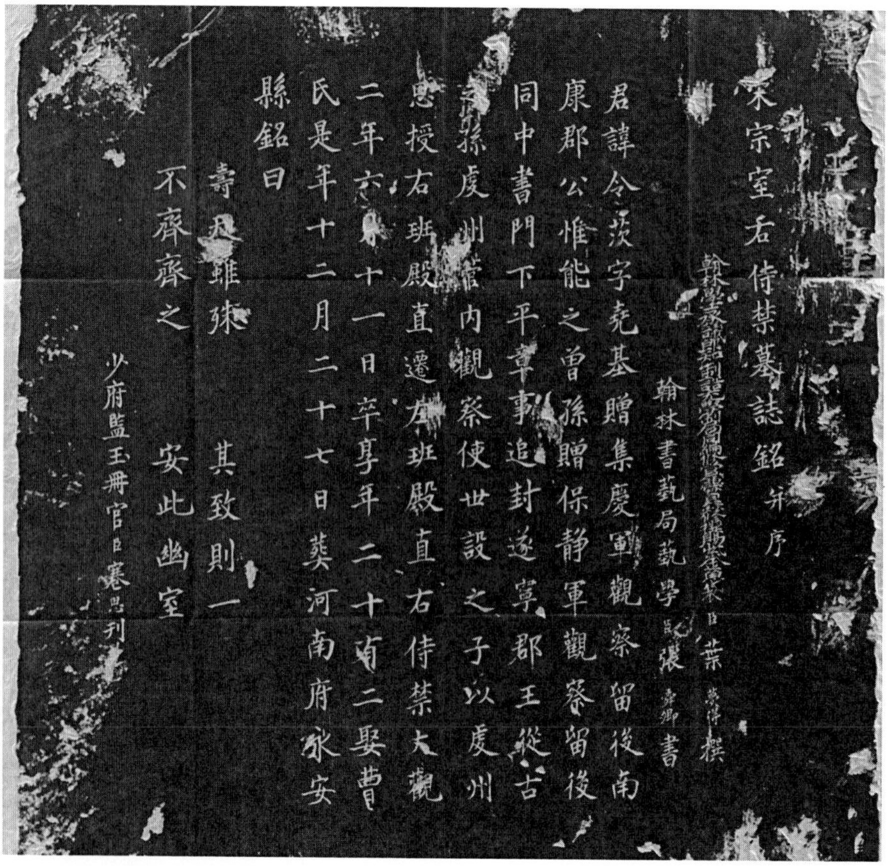
宋宗室右侍禁墓誌銘并序
翰林學士承議郎知制誥充學制局同編修官兼實録修撰賜紫金魚袋臣葉夢得撰
翰林書蓺局蓺學臣張舜卿書
君諱令茨字堯基贈集慶軍觀察留後南
康郡公惟能之曾孫贈保静軍觀察留後
同中書門下平章事追封遂寧郡王從古
之孫虔州管內觀察使世設之子以虔州
恩授右班殿直遷左班殿直右侍禁大觀
二年六月十一日卒享年二十有二娶曹
氏是年十二月二十七日葬河南府永安
縣銘曰
壽夭雖殊　其致則一
不齊齊之　安此幽室
少府監玉冊官臣蹇思刊

二十四、宋時氏墓誌　大觀三年（1109）十一月二十日

宋故時氏墓誌銘／

承議郎、新差知深州饒陽縣事楊信功撰并書。／

時氏，汴人，自少事中散韓公、永嘉郡君／張氏，服勤柔順。永嘉撫愛特厚，相继生二／子，益自抑畏，奉永嘉彌謹。從中散公通／判成都，時氏以疾卒於官舍，實元祐三年三／月二十日也，年二十三。所生子二人：長曰僖，／登仕郎、行相州湯陰縣主簿；次曰僑，將仕郎、／監淮陽軍宿遷縣市易務。時氏之亡，中散／公與永嘉甚悲憐之，故自成都數千里之／遠携其喪以歸，厝于相州開元寺。大觀三年／十一月二十日，葬永嘉於新安祖塋之／側，中散公命置時氏壙中而侍葬焉。銘曰：／

天與茂質，出險而覯。承休衍祥，／乃弗克有。振振慶餘，往未可量。／歸從所安，是謂不亡。

宋故時氏墓誌銘
承議郎新差知深州饒陽縣事楊信功撰并書
時氏汴人自少事　中散韓公　永嘉郡君
張氏服勤柔順　永嘉撫愛特厚相繼生二
子益自抑畏奉　永嘉彌謹從　中散公通
判成都時氏以疾卒於官舍實元祐三年三
月二十日也年二十三所生子二人長曰僖
登仕郎行相州湯陰縣主簿次曰僑將仕郎
監淮陽軍宿遷縣市易務時氏之亡　中散
公與　永嘉甚悲憐之故自成都數千里之
遠携其喪以歸厝于相州開元寺大觀三年
十一月二十日葬　永嘉於新安　祖塋之
側　中散公命置時氏壙中而侍葬焉銘曰
天與茂質　出險而靚　永休衍祥
乃弗克有　振振慶餘　徒未可量
歸從所安　是謂不亡

二十五、宋閻氏墓誌　大觀四年（1110）十二月二十七日

宋故福昌縣君閻氏墓誌銘并序/

将仕郎、潁昌府法曹參軍董百禮撰。/

儒林郎、前守同州觀察判官趙瓌書并篆蓋。/

故左藏庫副使致仕王公諱安之夫人福昌縣閻氏世為/鄭圃右族，家累鉅萬。年十七，嬪于王公。夫人莊而和，儉而/節。在父母家，父母已知其賢。為婦能自持以禮，事舅姑以孝，閨/門又推其賢。王公始以微從仕，歷官至使列，所在有稱。夫/人從容勸勉，甞曰：「作官湏効勤廉謹。」族黨以是又稱其內助之/賢。王公以老歸休，生事甚薄。夫人盡出篋中金，買田為子/孫計，營治園圃，怡然自樂，其賢於世婦人益遠矣。王公陞/朝，封福昌縣君。夫人自少至老，肅恭神明，夙夜不渝。尤好誦佛/書，遂悟性理，不忍殺生。平居雖衣褥冠履，苐務苟完，不喜華飾。/視娣姒有恩，弗忍加訶責。甞教其子浦曰：「處家以簡约為先。」又/曰：「與人貴和。」至戒婦每每以勤儉為言，其婦雖出自冨盛，一遵/其訓。里中亦稱為賢婦，斯其賢固可法已。以大觀四年十月初/二日终于室，享年七十三。以十二月二十七日，葬于河南府河南/縣洛苑鄉龍門里，祔于左藏之塋。子男一人，浦，右班殿直，材/武中選。女四人：長適三班借職閈守中；次適皇城使尹貴；次適/進士喬昌裔；次適進士吕仲章。孫男二人，蚤卒。女一人，尚幼。其/孤奉夫人之喪而請銘以葬，余憐其孤之哀，又得聞夫人/之賢，乃次其所知以為之銘。銘曰：/

猗嗟夫人，柔順静專。越相君子，内外稱賢。/躬服儉素，始卒罔愆。封享爵邑，壽終天年。/善有餘慶，嗣其永傳。銘之石刻，閟于幽泉。/

宋故福昌縣君闞氏墓誌銘并序
將仕郎穎昌府法曹參軍董百禮撰
儒林郎前守同州觀察判官趙璩書并篆蓋
故左藏庫副使致仕王公諱安之夫人福昌縣君闞氏世為
鄭圃右族家累鉅萬年十七嬪于王公夫人莊而和儉而
節在父母家父母已知其賢為婦能自持以禮事舅姑以孝閨
門又推其賢王公始以微從仕歷官至使列所在有稱夫
人從容勸勉嘗曰作官須効勤廉謹族黨以是又稱其內助之
賢王公以老歸休生事甚薄夫人盡出篋中金買田為子
孫計營治園圃怡然自樂其賢於世婦人益遠矣王公陞朝
封福昌縣君夫人自少至老肅恭神明夙夜不渝尤好誦佛
書遂悟性理不忍殺生平居雖衣襦冠履第務苟完不喜華飾
視婢如有恩未忍加訶責嘗教其子浦曰起家以儉約為先又
曰與人貴和至哉婦每每以勤儉為言其婦雖出自富盛一遵
其訓里中亦稱為賢婦斯其賢固可法已以大觀四年十月初
二日終于室享年七十三以十二月廿七日葬于河南府河南
縣洛苑鄉龍門里祔于左藏之塋子男一人浦右班殿直材
武中選女四人長適三班借職開守中次適皇城使尹貴次適
進士喬昌裔次適進士呂仲章孫男二人叅辛女一人尚幼其
孫奉夫人之喪而請銘以葬余憐其孤之哀又得聞夫人
之賢乃次其所知以為之銘銘曰
猗嗟夫人　柔順靜專　越相君子　內外稱賢
躬服儉素　始卒罔愆　封享爵邑　壽終天年
善有餘慶　嗣其永傳　銘之石刻　閟于幽泉

二十六、宋徐原墓誌　政和元年（1111）十月二十七日

額篆書三行：宋徐／君墓／志銘

宋故東海徐君墓誌銘／

臨川上合貢士李邦佐撰。／

文林郎、行建昌軍録事糸軍蔡披書。／

登仕郎、行建昌軍南城縣主簿、管勾學事顧彦升篆。／

東海徐君深道諱原，世居洪之豐城縣富城鄉。曾祖諱國煦，祖諱仲宗，父諱爔，／皆服農以自富。及君之身，始學為儒，性資醇朴，用心克勤，道學无厭，所探益深。／然酷嗜古文，不肯為時習，故著述非時所尚，屢試有司，立无所合。迺謂所知曰：／「丈夫窮通，自有義命，安之可也。既不能立身揚名，亦竭力耕，躬為子職而已／耳。」拎是退處林泉，徜徉壟畝，以求遂其志。日與農夫野叟商較耕耘，相地肥磽，／因時播種，而治生之術尤為之天。不數年间，資産益饒，倉廩充實，仰事足以盡／其孝，俯育足以示其慈。方是時也，乃父年高苦腹疾者，累歲弗瘳。君侍湯藥，嘗／而後進，朝夕躬勤，略无倦色。事继母以孝谨聞。廣田疇，新宅第，一切畫，雅有材／幹，若不勞力，而功成業就。鄰里鄉黨翕然譽之曰：「慶哉！徐君之有是子也，其何／憂乎！」君以命不我偶，而文不見知，故退而學稼，以全子道，克家尤勤，終以富稱。／然所守儉約，不恃以恣驕奢。且知好礼，入則孝，出則悌，人莫得而疵焉。君內／敏少言語，體貌莊重，喜怒不妄發，取予皆有義。檢身以仁，誨人以善。其端雅敦厚，／有足稱者。政和元年五月十一日，感疾，終于其家，享年四十有五。死之日，闻者／莫不嗟惜。娶錢塘范氏，柔淑有賢行，內助益多。生三子：伯曰安邦；仲曰安仁；季／曰安上。敦厚而醇，咸有父風，詩所謂是以似之者欤！女三人：長適臨川戴圓；次／許嫁孫紹、何德成。卜以冬十月丙辰，葬于黎塘所居之右，相距不越百步／间。前期，女婿圓状君之行，属余論著其美，以銘诸墓中。迺為之銘曰：／

嗚呼深道，有匪君子。學不干時，義命自處。退以事親，不貴而冨。／孝悌恭儉，藹然衆譽。充實之美，人维與俦。命不考終，餘波遠流。／有子令□，克紹厥休。銘藏千古，德□孔昭。

宋徐君墓誌銘
宋故東海徐君墓誌銘

二十七、宋時氏墓誌二　政和二年（1112）七月五日

大觀三年十一月，/ 先妣永嘉郡君張氏之葇，/ 先公命以僖、俣所生母時氏之 / 柩侍葬於壙中。政和二年春，/ 先公寢疾，顧謂俣曰：「吾近作壽棺稍 / 大，恐墓內無餘地，它日可遷汝 / 所生母於它所。」今以七月五日葬我 / 先公，僖等謹遵 / 遺命，奉所生母柩，葬於崇福院 / 之東，九兄所生母艾氏墓園內之 / 庚穴云。孤子韓僖謹記。

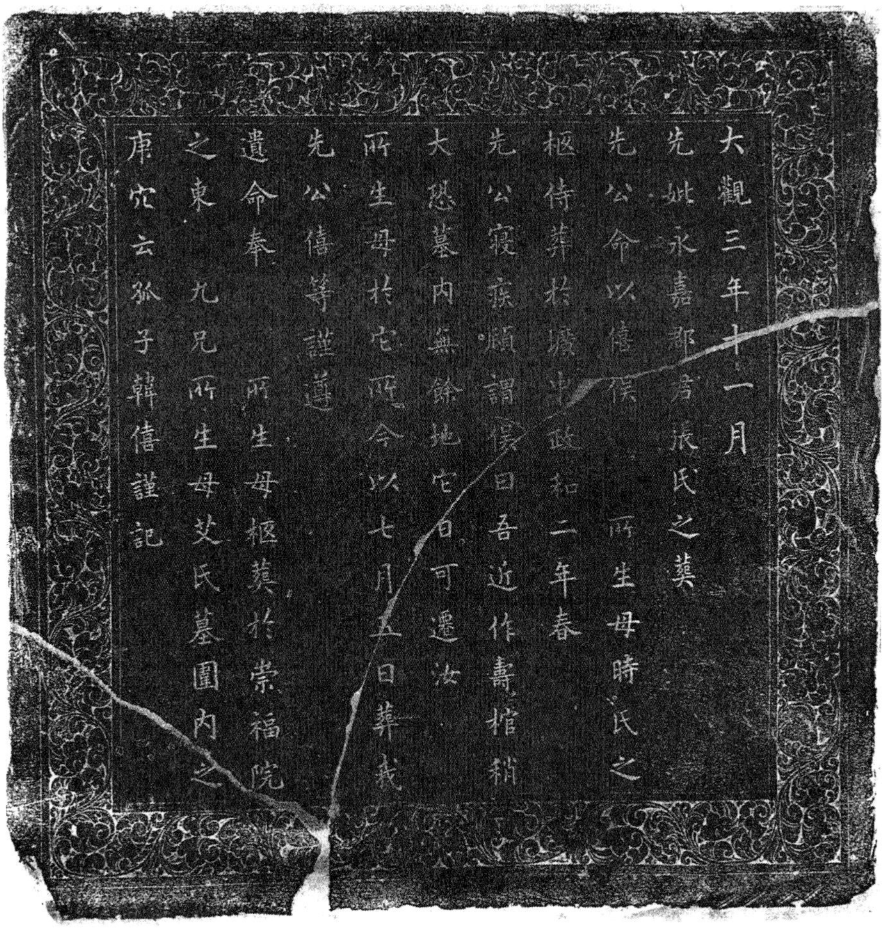
大觀三年十一月
先妣永嘉郡君張氏之葇
先公命以僖俣　所生母時氏之
柩侍葬於壙中政和二年春
先公寢疾顧謂俣曰吾近作壽棺稍
大恐墓內無餘地它日可遷汝
所生母於它所今以七月五日葬我
先公僖等謹遵
遺命奉　所生母柩葬於崇福院
之東九兄所生母艾氏墓園內之
庚穴云孤子韓僖謹記

二十八、宋僥三郎地券　政和五年（1115）十月八日

維政和五年歲次乙未十月一日丁酉朔／初八甲辰，右建昌軍南豊縣世賢鄉／礼義里上亟耆下亟保歿殆亡人僥三／郎，行年五十三歲。因向南採藥，路逢／仙人賜酒一盃，因醉而死。生有田宅，死／有塚墎。今用二千貫文，於李家庄／背亥山頭開隍地主边買得丙卯／地一穴。其地東止甲乙，南止丙丁，西止庚／辛，北止壬癸。所有塚中物色，尽是亡／人所管，泉下四野鬼神不得争占。／書人日直符，保人歲月主。／急急如律令。

二十九、宋劉氏墓誌　宣和元年（1119）九月十七日

宋故劉氏墓誌銘／

中大夫、知相州軍州事韓治撰。／

劉氏，愽野人，吾叔中散大夫之姬也。／生五子，二男三女。男慶来、王老蚤夭。／宣教郎李德充、尚書吏部貟外郎楊／信功、將作監李祓，三女之壻也。劉性／謹厚，吾叔與張郡君皆倚信之，政和／三年八月十三日卒扵安陽之第，宣／和元年九月十七日葬扵水冶之塋，／年六十有三。葬與時氏同穴，時氏，吾／叔長子僖之所生母也。銘曰：／

敦厥行兮福随之，／粲三女兮為士妻，／安且吉兮宅扵兹。

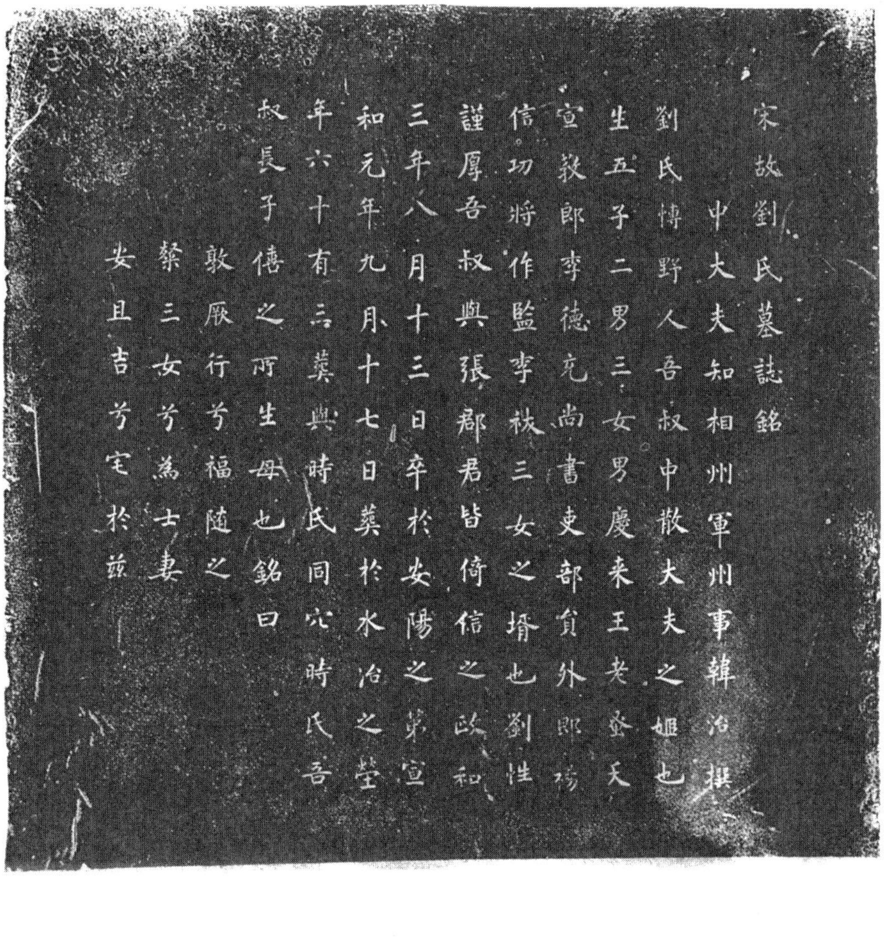
宋故劉氏墓誌銘
中大夫知相州軍州事韓治撰
劉氏愽野人吾叔中散大夫之姬也
生五子二男三女男慶来王老蚤夭
宣教郎李德充尚書吏部貟外郎楊
信功將作監李祓三女之壻也劉性
謹厚吾叔與張郡君皆倚信之政和
三年八月十三日卒扵安陽之第宣
和元年九月十七日葬扵水冶之塋
年六十有三葬與時氏同穴時氏吾
叔長子僖之所生母也銘曰
敦厥行兮福随之
粲三女兮為士妻
安且吉兮宅扵兹

三十、宋徐卞地券　宣和二年（1120）十二月十六日

維宣和二年歲次庚子十二月一日丁卯朔十六日壬／午，南贍部洲大宋國西京河南府伊陽縣部下殞故亡／人徐卞不倖早忠。今將錢九万九千九百九十九貫文，／就此黃泉地下買到墓宅壹所，週琉一頃，四至分明。東／至青龍，西至白虎，南至朱雀，北至玄武。上至倉天，下至／黃泉。即目錢地各交付訖。主人張堅固、李定杜，證見人／東王翁、西王母，書契人石翁曹，讀契人金主簿。書契人／飛上天，讀契人入黃泉。嵩山勑松子，急急如律令攝。／殞故亡人徐卞契券一道，收執為憑。

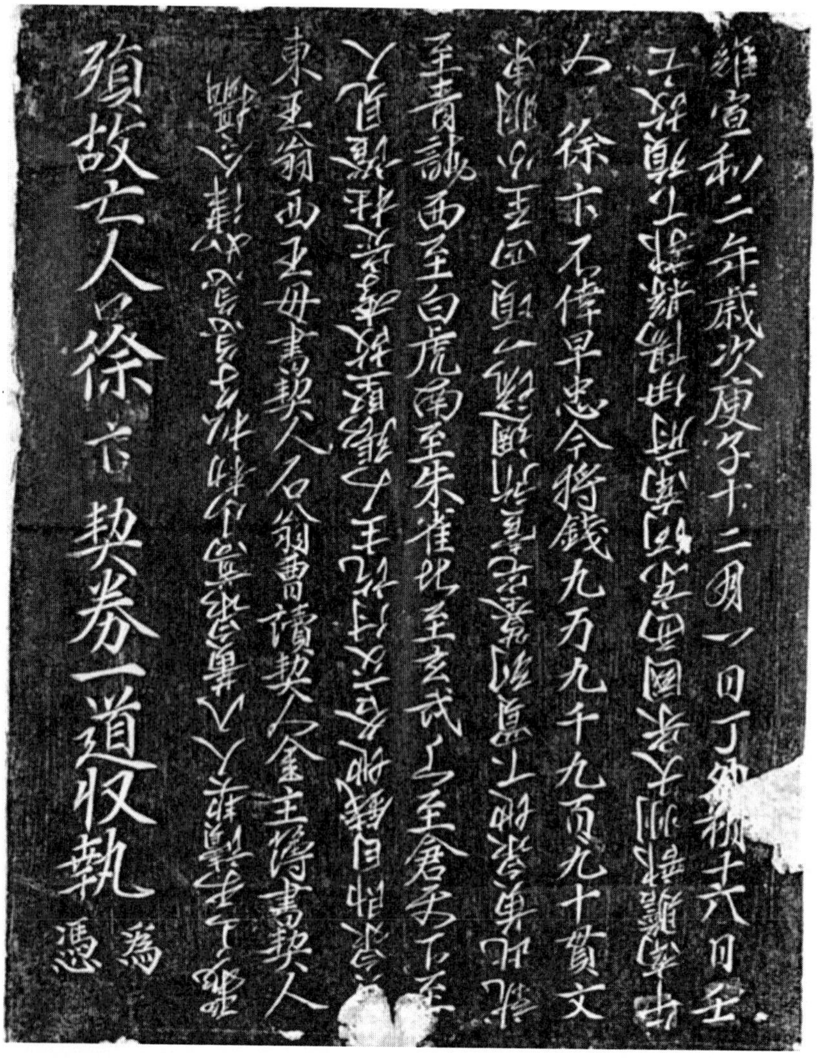

三十一、宋董平哀詞 宣和二年(1120)十二月十八日

額篆書三行：宋董／公尹／哀詞

宋董公尹哀詞／

金堂公与乾撰。／

迪功郎、充虔州州學教授饒惠卿書。／

兄朝散郎、權知鬱林州軍州事、管句神霄玉清萬壽宮、管句學事、兼管內勸農公事、借紫金魚袋彭篆。／

董平字公尹，其先居金陵，六世祖含五代末始家于廬陵之吉水。夲朝析吉水為永豐，今為永豐人。曾大父洙／父子兄弟五人同第進士，世有五桂之稱，終桂州觀察推官。大父師範贈朝奉郎，父鏞蓄德不耀。公□少孤，趍／鄉不九。逮冠，屹焚自拔於流俗中。母賢而樂施，賙卹族屬，貧無託者皆得以安。公尹順適其志，無銖□□，而待／公尹以生養嫁娶者，家九十數，故其賢聲與母偕。母旣終，葬祭盡禮，枯□甚，人難之。室庵於先塋之側，□浮屠氏／梵唄其間，為薦擢階。復堂於庵之下，以「時思」名之。視追慕之勤，載筆者□其為歌詩以侈之。公尹姿貌□梧，事／至輒剖，初若嚴毅不可嬰者。至與人低首拱手，柔巽曲盡。故閭里多諉之以事，而事無不濟，公尹亦不□能其／事也。理家有法，資用充牣。每歎世之箝掣扵利者，日命扵粟蠹錢神，至其甚，則不自飲食，矧以分人。於是□□舍／来英彥，使諸子從之游，而食於門下者日無虛席。峙臺閣於所居西偏，倔倔輪奐，腹嶺岫之勝。公尹以□□□□／旧學，徯契夙願，可終老扵是，惜其不及酣賞而已逝矣。政和间，朝廷以尤□空巖穴之隱鄉鄰，有欲以□□／公尹事迹聞有司。公尹告之曰：「愚之所行，迺見所學無以愈人，初非意於□也。或有孝廉別居，其父藥□□□／真喪於偽，則鄉評韻語，艱扵得實。愚媿與造行輩，搶攘可競地，毋以愚行，使混融於不數中。庶有識者他日不□／華蓋為仕塗捷徑，子若孫能以似愚，或遂榮達而多得矣。」請者服而棍。公尹娶張氏，有淑德。子七人：曰俁；曰佪；／曰仍；曰仙；曰作；曰伪；曰�侒。俁、佪、仍篤學而文，序進校舍。餘尚幼。侒後父十月而亡。女三人，未嫁。宣和元季五月十／八日以疾終，明年十二月十八日葬于陽田黃家坑之原。与乾於公尹兄行也，稔其行治，類多人所弗克為者。／謂宜貴而顯，壽而久，迺大不然。理事乖剌，茫昧難訊，哀湧於中，不能自已。寄之於詞，以形容梗槩。詞曰：／

猗歟公尹，君子所賢。天裕其德，而嗇之季。海漚旋滅，石火暫然。四十有八，遽宿重泉。／凄脾酸鼻，頑豔均憐。嗚呼哀哉！時思之堂。揭巕天際，露泫霜霣。節物空逝，人之云亡。／孰虔祭祀，□木薦悲。石泉濺淚，嗚呼哀哉！攀鱗之閣，鬼斫神鉏。簷牙啄雲，欄角憑虛。／筆端電熌，簡尾霆驅。曷為跧攣，變化紆徐。遙遙九閽，隔閡㒵趍。嗚呼哀哉！折桂之臺。／逈洗壒埃，曲池洪澄。萬象昭回，廣寒可捫。不知崔嵬，宜百五桂。將□雲来，如何天香。／靳祕未開，嗚呼哀哉！歌鈴斷聲，紼引稅跡。骨肉睽訣，原野岑寂。寘□黃坑，不照白日。／爪犀蔗節，千古孰識。齎恨叵量，霾蟄幽鬱。尚其嗣人，業履傑出。嗚呼哀哉！

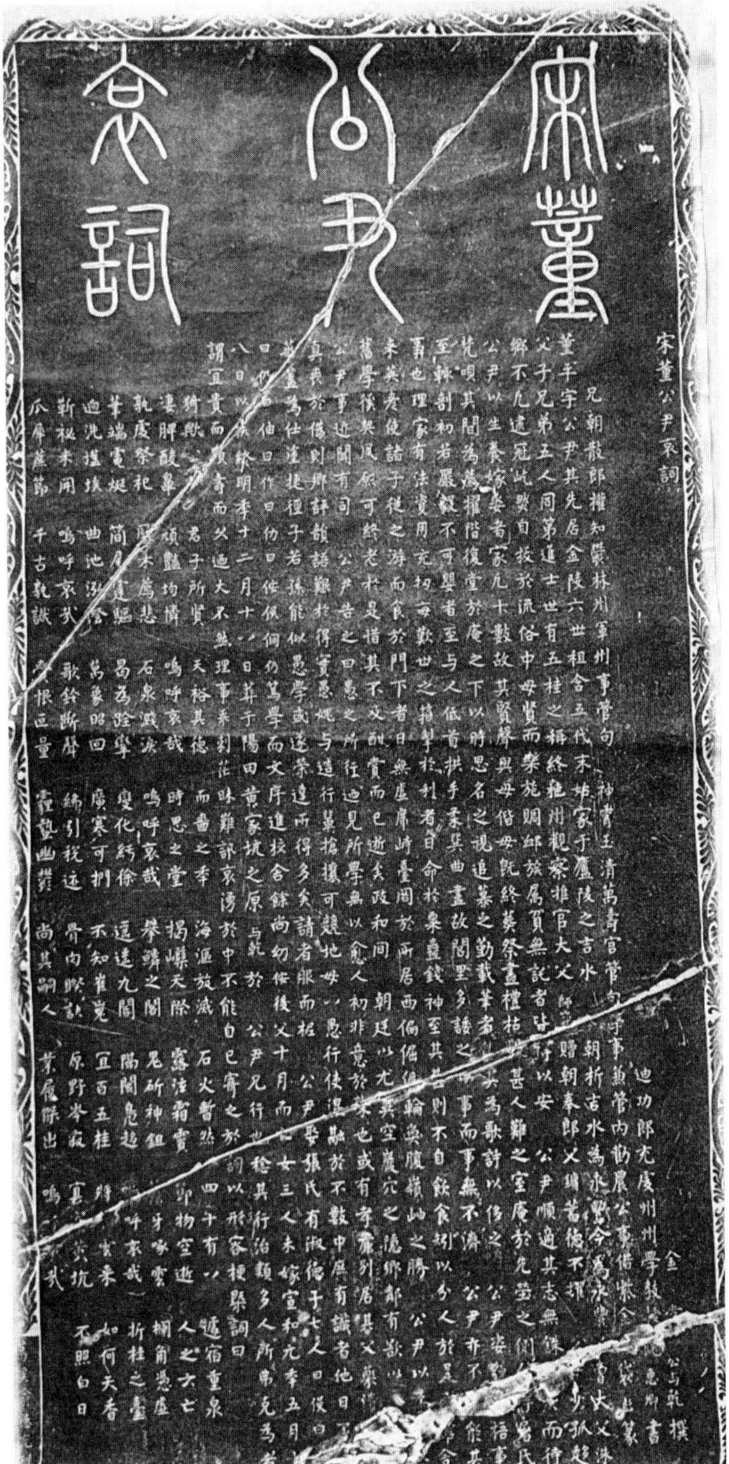
宋董公尹哀詞
宋董公尹哀詞

三十二、宋郗世京地券　紹興十九年(1149)十一月十四日

額正書：宋故郗公地券

維皇宋紹興十九年己巳十一月十四/日壬辰，江西洪州豐城縣富城鄉梨/塘里尋坑保郗世京享年七十有二，/於今年六月五日身亡。用錢於地主/边買得宅北亥山巽向地一穴，塋/葬為万年塚宅。外来鬼不得侵/占，衆神百官共為隣里。今立地/券為憑者。急急如律令。/見人張堅固，/保人李定度，/書人天官道士。

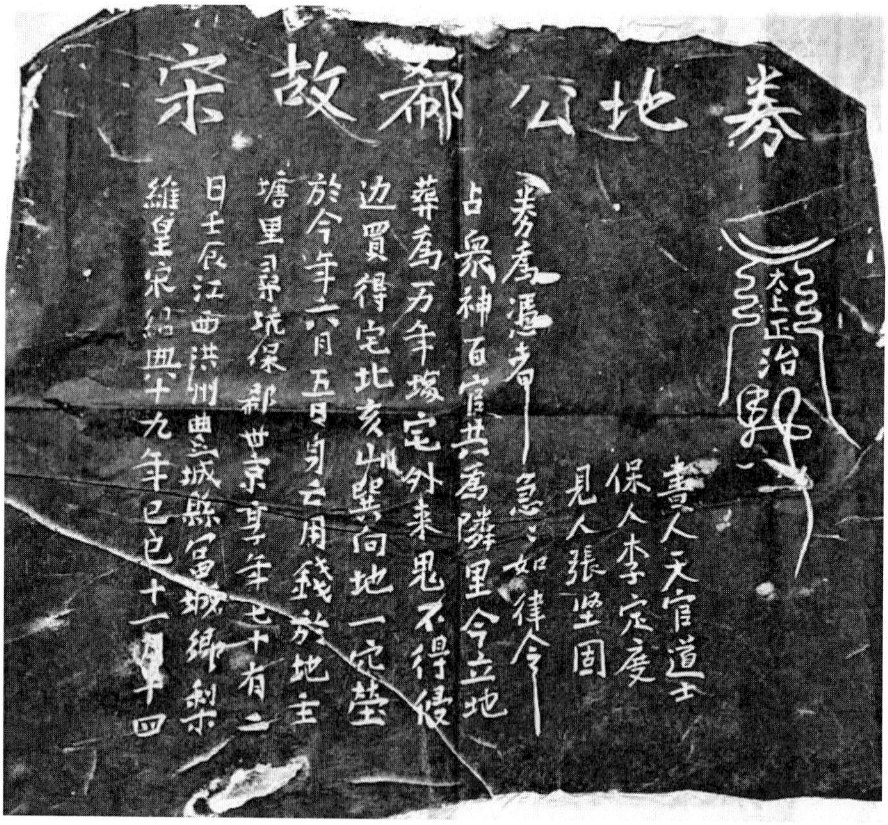

三十三、宋程公墓磚　紹興二十四年（1154）七月一日

通判程公墎塼，/ 大宋紹興甲 / 戌七月朔造。

通判程公墎塼
大宋紹興甲
戌七月朔造

通判程公墎塼
大宋紹興甲
戌七月朔造

三十四、宋陳二十二娘地券　紹興二十四年（1154）十一月十六日

大宋國福建道邵武軍邵武縣富陽鄉招賢里／大挐口團亡人女弟子陳二十二娘，落世歸泉日，請／得葬師姚伯仲、王子橋、丁令戚，謹按地理圖，用錢／九万九千九百九十九貫文，扵地封侯边買得地名／保益黃家坑口陰地一穴。東至甲乙，南至丙丁，西至庚／辛，北至壬癸，中至戊己。崗壠朝迎，左廻右抱，三十八將／俱足。東合麒麟，西合鳳凰，南合章光，北合玉堂。上合／功曹，下合傳送。東不犯魁，西不犯罡，南不犯陰，北／不犯陽。天上保人張堅固，地下保人李定度，知見歲月正。／財地交相分付，工匠修榮。安厝以後，永保休吉。千秋／吉利，万歲平安。先有居者，速避万里。急急如律令。／紹兴弍拾肆年拾壹月拾陸日酉時入塚。謹券。

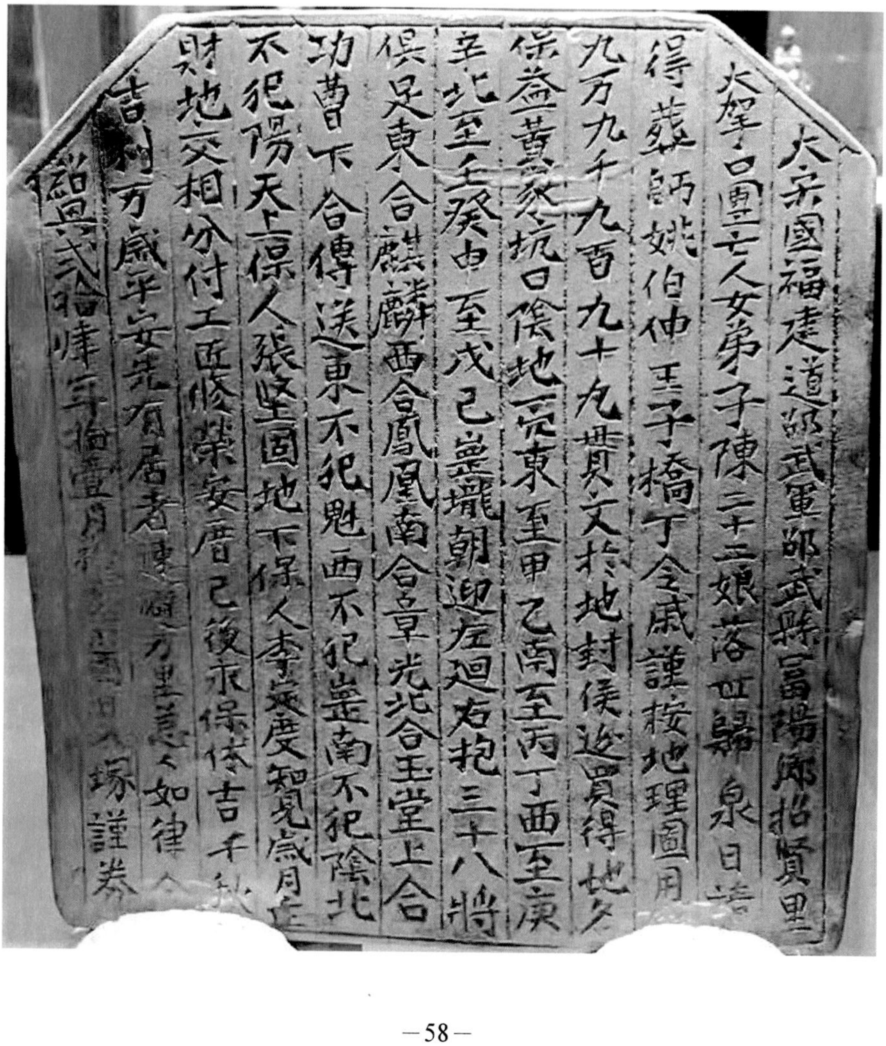

三十五、宋王友墓誌　紹興三十一年(1161)二月十七日

額篆書六行:宋故/判官/王公/墓銘

宋故判官王公墓誌銘/

鄒世超刊。

弟右迪功郎、新差潮州司理糸軍昇撰。/

弟右文林郎、新差知贛州信豐縣丞、主管學事明遠書。/

右迪功郎、新江州湖口縣主簿、主管學事伍峯篆。/

先兄判官既捐館,諸孤辦塋奉葬,且有日矣。故人吳常狀其行,來語昇曰:「知判官平昔出處之審,莫如公,盍誌而銘之,/以傳于後。」昇泣而應之曰:「諾。」先兄諱友,字必端,世為撫州臨川大族。王氏曾祖立,國子監丞。祖洌,吉州司理糸軍。父□,/隱德不仕。先兄自幼尚志,銳然欲高祖秘丞甲科之桂。深明易學,舉業尤精,少與兄珪敷文齊名。由三舍貢辟廱,/赴科舉,取鄉薦,試漕臺,中遴選,姓名相先後,且評題之曰「二王」。惜乎學術有餘,時命不偶。敷文公登科,已騰踏矣。先兄/猶務恬退,不樂喧囂,以巖野自負。築室于鹿食原之別業,藏脩游息,徘徊於斯,因名之曰「蠖谷」,蓋取《周易》繫辭及蠖之/屈以求伸之義。觀其措意,視憩跡東山為蒼生待時而起者,輿復不淺也。久之,以年例該免鄉舉,堅卧不出。鄉人勉之/曰:「丈夫不患乎無名,特患無其時,時且至矣,胡不以行其所學為念。」乃應詔,羣試于南宮。又爾不利,遂欲退歸山□/終焉之計。鄉人復勉之曰:「與其皓首窮經以為己,孰若施於有政以為人。况國家求材,科目雖不同,其為仕宦則一/也,子其思之。」先兄自念不從政,則上負於君;不揚名,則下慊於父。乃就恩科,授右迪功郎、郴州判官。入幕,未暇設/施,遽丁母憂。服除,改授建昌軍廣昌縣主簿兼丞。奉公廉勤,馭吏整肅,字民寬恕,事邑長恭謹,政聲藹然。士民日相慶/曰:「有丞如此,吾屬何患。」而邑長朱公通直亦雅有舊,相得甚歡。方賴贊佐之益,夫何天奪其壽,遽爾云亡。朱公哭之慟,/如失左右手。凡棺衾賻贈送終之具,待之有加。報施之理,亦有所自也。先兄孝于親,友于弟,善與人交。不特輔之以仁,/結之以信,雖久而不忘於致欽。其視流俗以勢力而凶終者,固有間矣。訓諸子甚篤,常誘以傳秘丞之桂為榮。諸子皆/能遵義方,而務稱責望之誠,待鄉黨甚厚。嘗示以悼妖俗之詩為戒,鄉黨亦樂與俱化,而不負相告之忠。嗚呼!先兄之/學富贍已如此,先兄之行粹

美又如此，可謂見面盎背，俯仰略無愧怍矣。而蹭蹬風雲，坎壈世路。在政和間，方下第，／而接父之訃音；在紹興間，纔調官，而遭母之家難。既而簿丞一邑，僅再書考而卒。昔人嘗謂：「天道無親，常與善人。」先／兄可謂善人矣。彼蒼胡為不相之，遂使官之，不副所學，用之不盡其才。死之日，聞之者莫不流涕而痛悼。先兄於紹興／庚辰十月二十六日寢疾，竟卒于官舍，享年六十有七。於是年十一月二十二日，諸孤扶護旅櫬來歸。越明年二月十／七庚申，葬于蠖谷之側。娶鄒氏，先卒。子六人：遵道、遵義、遵正、遵直、遵訓、遵範，皆力學。女一人，適同郡李騏，亦先卒。孫男／三人：祺、禧、祥。孫女六人：長未適人；次適翁嘉謀；次適李驊；餘尚幼。子孫詵詵，皆餘慶之所致耶。銘曰：／

學足以潤屋，學成而屋不潤；才足以勝任，才成而勝不任。此特人爵之虛稱。孝友／施於家，善無小而不積；忠信施於人，聲無遠而不聞。此乃天爵之甚眞。官之九品／而屋之所潤者，至微位之簿丞，而任之所勝者尤輕。天爵脩矣，而人爵之所靡者，／胡爲於要路未聞其飛英。豈恥求自售而不媚目鄰，豈行藏用舍由天而不由人。

三十六、宋李三十三承務地券　乾道四年（1168）三月一日

維皇宋戊子歲乾道肆年三月癸亥朔，臨／江軍新淦縣文昌坊街西住歿故李三十／三承務，享年陸拾伍歲，於乾道貳年二月／十八日辞世。龜筮協吉，宜往善政鄉咸陽／里沿陂上，謹用錢財五綵科儀，就開皇／地主邊買淂艮山庚向地一穴，充作山宅。／其地東至甲乙，南止丙丁，西止庚辛，北止／壬癸。上止皇天，下止黃泉，盡屬李三十三／承務所管。應有邪精故氣，不淂妄有呵犯。／如違，仰地中功曹，收付河伯。謹依太上／女清律令。寫契人功曹，讀契人主簿。／引至張堅顧，保見李定度。

三十七、宋黃公地券 乾道七年（1171）十二月九日

額正書：宋故提幹黃公地券

維皇宋乾道七年十二月辛丑朔初／九己酉日，伏以断以蓍龜，卜其宅／兆。爰叩開皇之地主，用藏提幹之／黃公。用一万九千之錢，界南北東西之／境。前朱雀而後玄武，右白虎而左／青龍。有此疆尔界之殊，无古往今來／之異。張堅固共為牙保，李定度同作／證人。百千年鼋梟知歸，億万載／山川如故。簡蘭獲無疆之福，緜／緜隆不拔之基。秀水縈廻，壽山高／聳。子又孫，孫又子。昌而熾，熾而昌。大／書石券之文，永作泉臺之照。謹券。

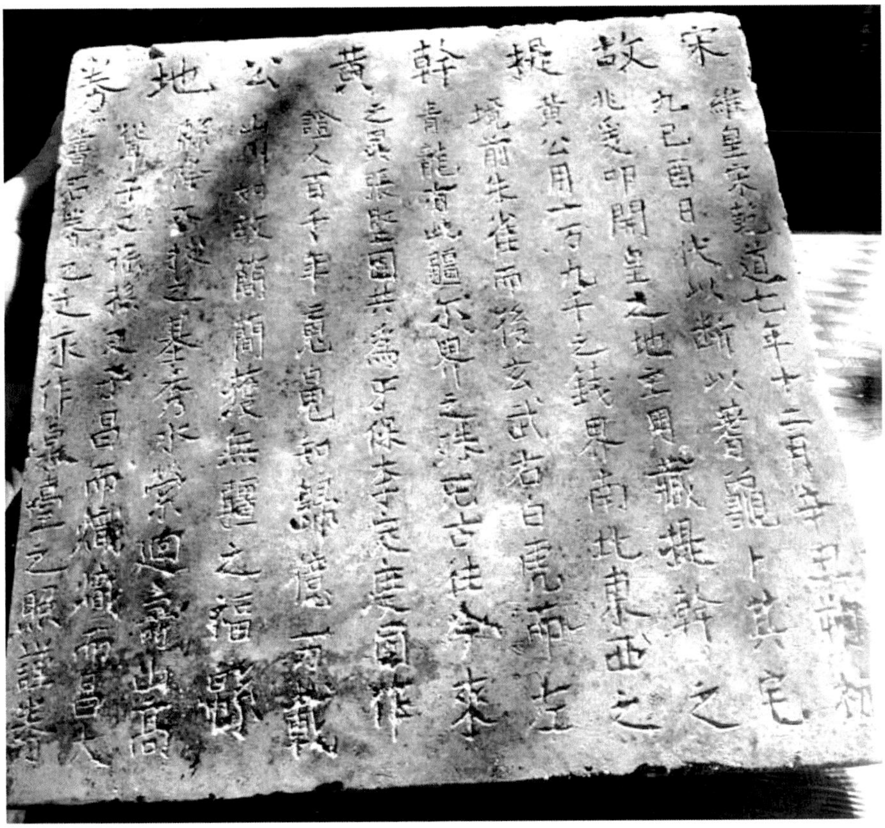

三十八、宋李文信墓券 淳熙十二年（1185）十一月五日

額正書：有宋李公墓券

維皇宋淳熙十二年歲次乙巳十一月庚辰初五／日甲申，孝男李安忠等謹以羞酌告于此山之神曰：亡／父李公撫之臨川人，諱文信，字用章。祖義，父安寧，皆／潛德不仕。娶曾氏，子四人：曰安忠、安旻、德廣、早，俱克藝術。／女一人，適同邑鄒文衍。孫二人，尚幼。公生平賦性溫良，／治生有法，孝以奉親，仁以撫下，勤拎家，信於鄉，由／是之焉。不幸，今年九月癸卯寢疾而卒，春秋六十有／四。以是年葬于所居之北、李坊之陽，蓋公存自所卜／之地。其山亥，其向丙，永為公之宅兆。應此山靈□□／左右之，毋輒驚擾，則寃得其安。寃得其安，則人蒙其／福，為億萬斯年富貴無窮之址。唯予子子孫孫／勿替是祀，永以報／神之休。謹券。門下術詹刀。

有宋李公墓券

三十九、宋曾念四地券　開禧三年（1207）十二月二十日

額正書：地券

維皇宋開禧三年歲次丁夘十／二月壬寅朔二十日辛酉，孝男曾／大明、大賓泣血告于山神曰：先／子念四居士于丙寅正月卒，享年／五十有九。今命陰陽家人卜，擇歸／窆此地。其龍自丑艮来，作丁未向。／虎首戴創業之居，龍皆負枏分之／廬。洒掃密迩，山環水遶，真吉所也。／更賴左右前後之神陰加庇祐，／俾先子永奠幽居，後裔常有餘慶。／則春秋祭祀，神其與享焉。敬告。

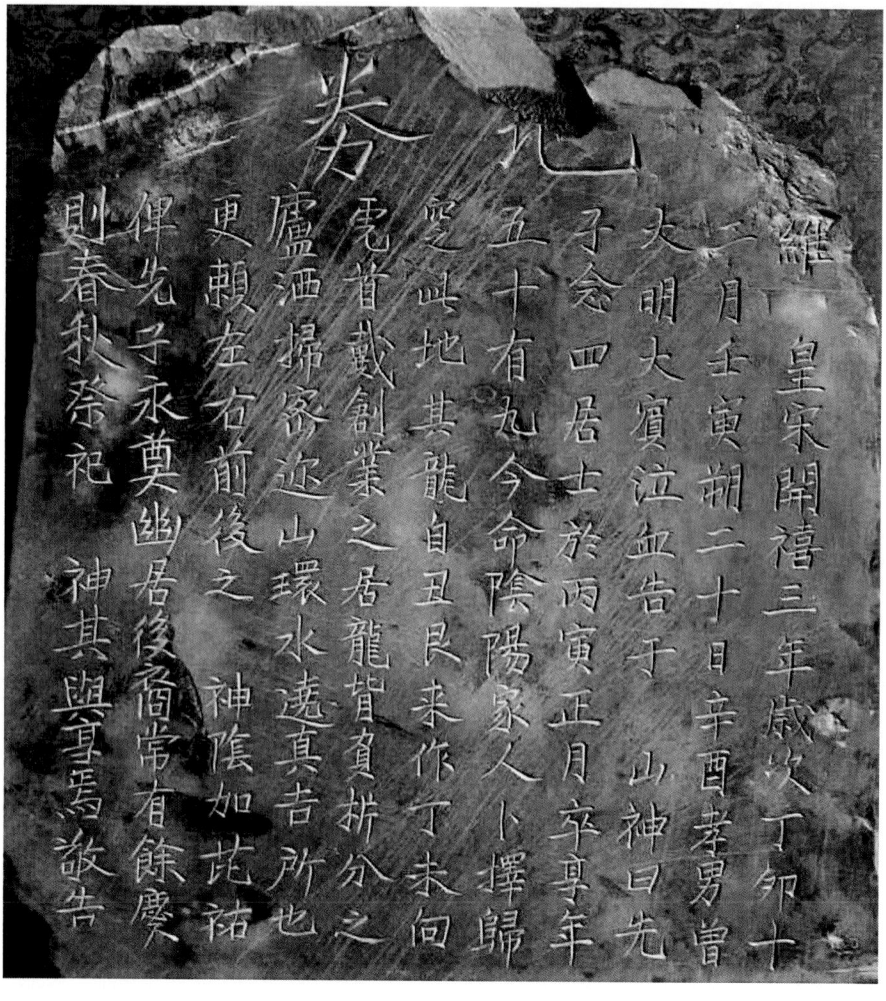
地券
維皇宋開禧三年歲次丁夘十
二月壬寅朔二十日辛酉孝男曾
大明大賓泣血告于山神曰先
子念四居士於丙寅正月卒享年
五十有九今命陰陽家人卜擇歸
窆此地其龍自丑艮来作丁未向
虎首戴創業之居龍皆負枏分之
廬洒掃密迩山環水遶真吉所也
更賴左右前後之 神陰加庇祐
俾先子永奠幽居後裔常有餘慶
則春秋祭祀 神其與享焉敬告

四十、宋李二公地券　嘉定二年（1209）七月二十五日

維皇宋己巳歲次嘉定二年七月一日壬／辰朔廿五丙辰日，謹有地團耆□下保／即有故去李二公享年七十二歲。今得／土名茶𥫗頭艮山坤向陰地一穴。其地東／止甲乙，南止丙丁，西止庚辛，北止壬癸。上止青／天，下止黃泉。其錢交付分明。買地之時，／閻羅大王、泰山府君皆知。見人東王／公，證人西王母，保人烏兔，書人功曹，讀／人傳送。地下如有凶神争占，分付蒙山天／老。蔭益子孫，連代富貴。急急如律令。

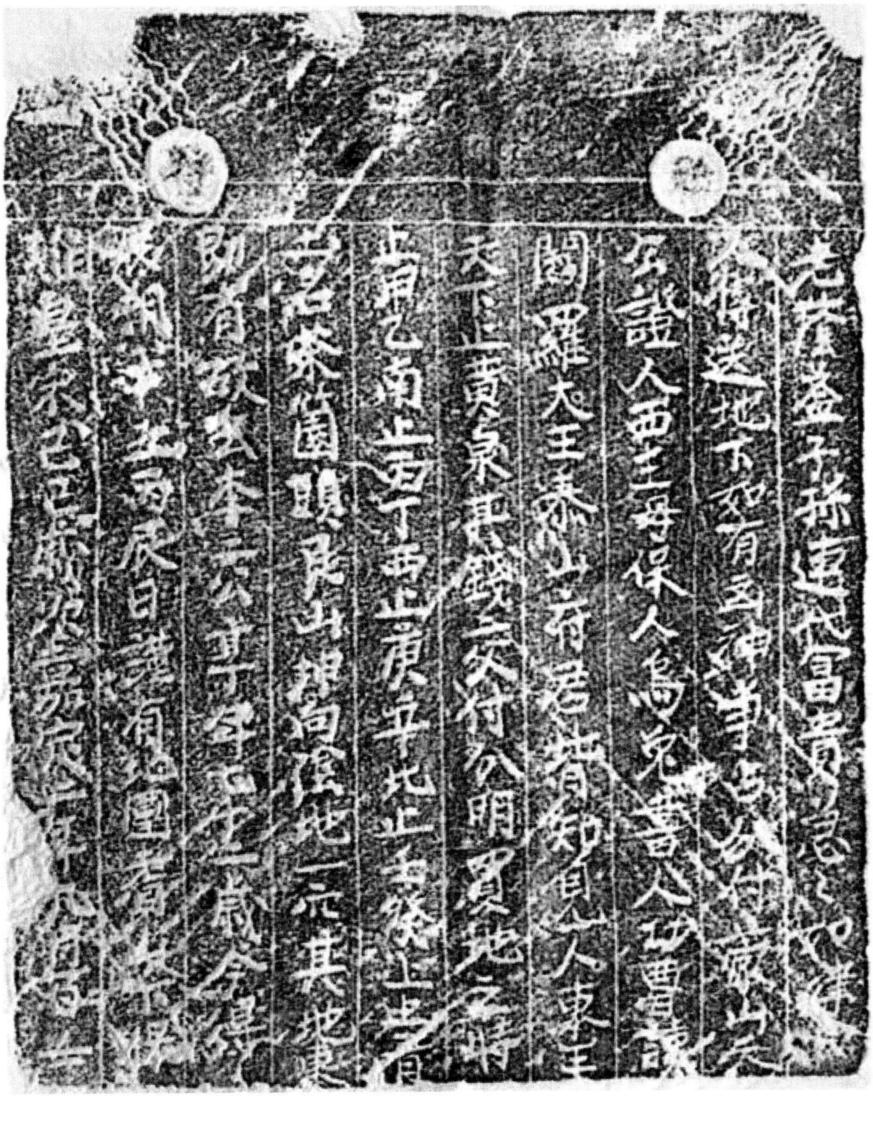

四十一、宋章必忠墓誌 紹定二年(1229)十一月二十日

額篆書：宋故章公墓誌

公章姓，必忠其諱，彥輔其字也，吉壓撫之崇仁。父諱君達，字子/直，潛德弗耀者也。公自失怙之後，慮其家道弗興，乃徙居于臨/川之南源，得龍断之地而屋焉。設肆於其門，雖有志於貨殖，然/於非義則一介不以取諸人。且侍偏親，甘旨無間。及罹母喪，則/過哀毀，不有躬其養生送死之誠，蔑以加此，公其可謂至孝也。/已至莫年，尤喜以義方訓育諸孫。自比年，公以風恙弗瘳，子孫/冬温而夏凈，昏定而晨省，湯劑之需，毋敢違時。所以孝声不泯/於章氏之門者，乃公之澤致是耳。公生於紹興之壬午，卒於紹/定之己丑，其享年六十有八。公娶陳氏，生男五人：文遠、文彬、文/質、文勝，皆先公相継而逝。惟文煥一人，獲侍公之喪，乃其子之/弟五者也。男孫十有一人：居仁、居誼、居礼、居智、居信、居敬、居安、/居端、居寬、居恭、神孫，皆未諧婚對。女孫二人：長適唐文寶；次未/許嫁。以是年十一月甲申日，葬公于所居之傍，以先志也。畠余/以書劍寓迹于其家，公之云為，聞之稔矣。前期，章氏之子孫嘱/余以叙其大略，以故書此，而納之壙中云。契末馮筠軒為書撰。/

阳山方可大刻。

四十二、宋楊顯文危氏墓記 紹定五年（1232）十月二十日

額篆書四行：宋故／楊公／危氏／墓記

宋故楊公危氏墓記／

楊氏丗居臨川之西，近銅陵曰楊坑。公諱顯文，字仲謨。曾大父景淳，大父保／元，父諗，皆隱德不耀。公生而端愿。方時俗習不尚浮靡，則角武力；非矜勢利，／則事矯誣。惟公確乎不撓，少亦從學，不志於道。任家政尤蚤，生理雖薄，持守／惟謹。甫及季年，廼益田園，增辟第舍，貲業日以豐阜，而公之舉错愈不妄。其／居鄉也，質而不華，直而不訐。處家律己，务先勤儉。交朋談論，若近簡朴，然亦／未嘗見忤於人。訓子孫以禮，睦族黨以義。有少失怙之姪，公鞠養如己子。既／成立，為之築廬授室，以安其居。人或告急，賙貸靡靳，其善德盖若此。公生於／乾道丁亥之八月，而卒於紹定辛卯之十二月，享年六十有五。娶危氏，性吉／直而立心慈惠，事長上，接妯娌，悉無間言。孜孜內助，殆與公相為表裏。後公／二年生，先公三年卒。子男一人，仁政。先是，仁政幾冠時，公嘗語之曰：「人生不／可無持身之道。」由是，間使之懷其資，從事貿遷於淮甸、荊湖間。每一言旋，輜／載必倍稱。人孰不以為公晚節優裕之一助，而不知皆公燕謀之所致也。孫／男二人：士龍、鳳竒。女孫一人，在室。孤哀子將以壬辰十月丙申，奉雙親之柩／合葬于所居後曰劉坑。未窀穸，仁政以狀致余，求誌歲月。余謂：學識未該貫／於古文，無能為也，豈足以辱。然余與公家方七丗之族，而公乃余之伯，其孤／則余之兄，誼不可辞，於是紀其實以發揮幽潛云。族姪楊應炎敬書。

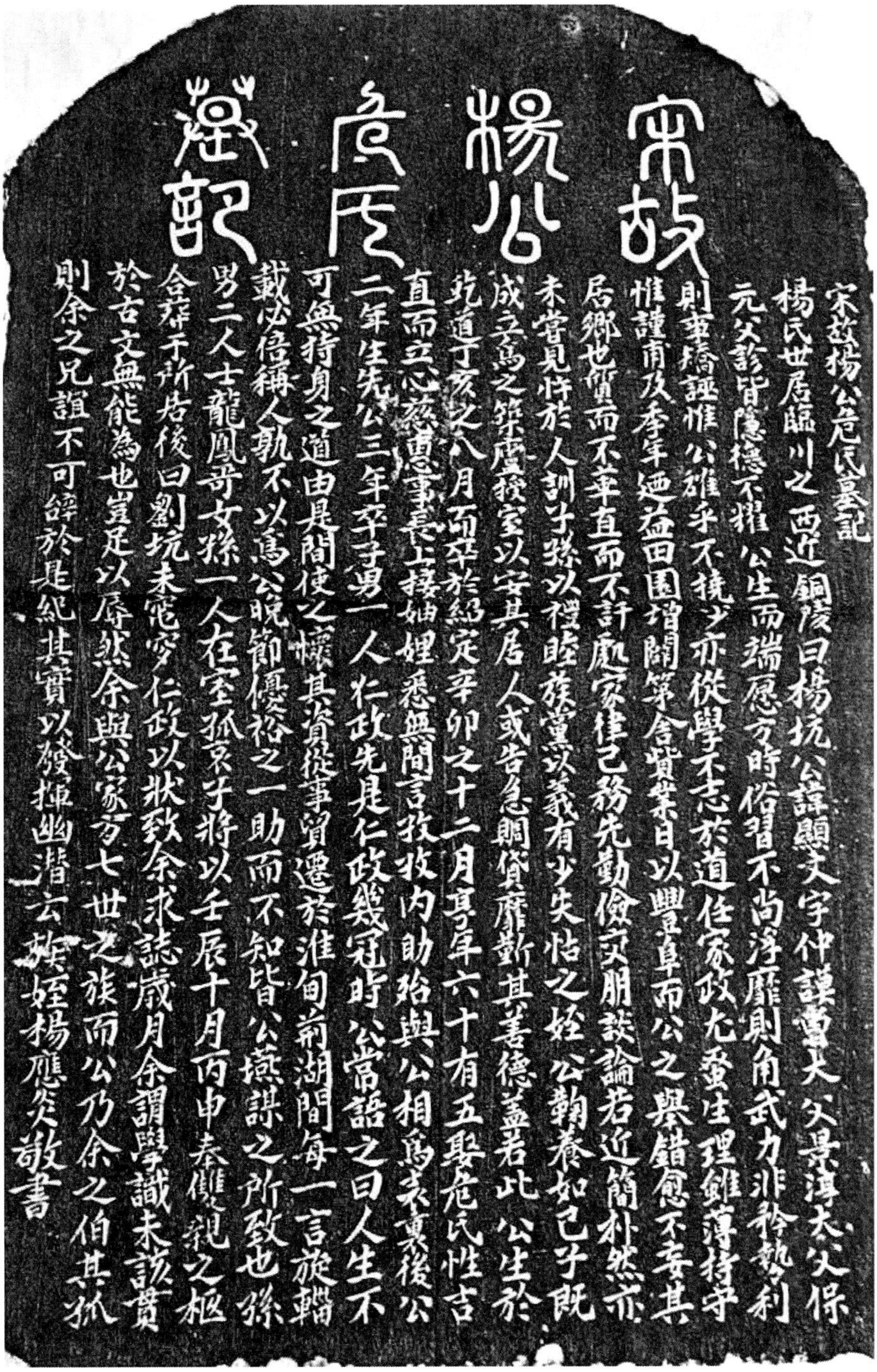
宋故楊公危氏墓記

宋故楊公危氏墓記
楊氏世居臨川之西近銅陵曰楊坑公諱顯文字仲謨曾大父景淳大父保
元父諺皆隱德不耀公生而端愿方時俗習不尚浮靡則角武力非矜勢利
則華嬌誣惟公雖年不撓少亦從學不志於道任家政尤蚕生理雖薄持守
惟謹甫及季年廼益田園增闢第舍貲業日以豐阜而公之舉錯愈不妄其
居鄉也質而不華直而不訐處家律己務先勤儉交朋談論若近簡朴然亦
未嘗見忤於人訓子孫以禮睦族黨以義有少失怙之姪公鞠養如己子既
成立為之築廬授室以安其居人或告急賙貸靡靳其善德蓋若此公生於
乾道丁亥之八月丙卒於紹定辛卯之十二月享年六十有五娶危氏性古
直而立心慈惠事長上接妯娌悉無間言孜孜內助殆與公相為表裏後公
二年生先公三年卒子男一人仁政先是仁政幾冠時公嘗語之曰人生不
可無持身之道由是閒使之懷其資從事貿遷於淮甸荊湖間每一言旋轄
載必倍稱人孰不以為公晚節優裕之一助而不知皆公撫謀之所致也孫
男二人士龍鳳哥女孫一人在室孤哀子將以壬辰十月丙申奉雙親之柩
合葬于所居後曰劉坑未窀穸仁政以狀致余求誌歲月余謂學識未該貫
於古文無能為也豈足以辱然余與公家方七世之族而公乃余之伯其孤
則余之兄誼不可辭於是紀其實以發揮幽潛云 族姪楊應癸敬書

四十三、宋薛瑑墓誌　嘉熙四年（1240）十一月二十五日

額隸書三行：宋薛／成玉／之墓

成玉墓誌銘／

弟青雲山人升龍撰并書。／

余㓜侍先君，聞亟稱先伯叔明為才，惜其不永秊。歿之日，／其㓜子瑑字成玉纔數歲，母倪夫人憐其弱而孤，愛踰於教。／稍長，克自植立，謹畏飭脩，異峕能持叔明之家者，乃不在其／諸兄，而在成玉，亦庶幾知子道者矣。成玉性平直，與物無競。／雖無豐資厚業，而處之怡然。每當風晨月夕，心逸體休，則漉／元亮之巾，奏野王之曲，清嘯長謌，若將超出乎塵埃之外也。／不幸亦嗇于壽，秊五十有五而卒。薛氏丗為信之貴溪人，曽／祖將仕郎諱穎，祖進武校尉諱習，父叔明諱子澈。娶金溪吳／氏，子士亨。生於淳熙乙巳六月丙子，卒於嘉熙己亥六月辛／酉。明秊十一月甲申，葬于鄉之皷石原，從二兄之兆也。始成／玉有愛女以適同里，生女蚤卒，久不克葬。壻禮敬日衰，成玉／鬱鬱不樂以死，壻為不弔。烏虖！世俗誠薄矣，而成玉亦非達／也。然其始而孤，復邅迴以終焉，是可悲也。乃為之銘曰：／

孰不欲娛，不俟予兮。孰不有死兮，莫返子兮。孰非／天兮，安斯阡兮。

國學進士朱恢之填諱。

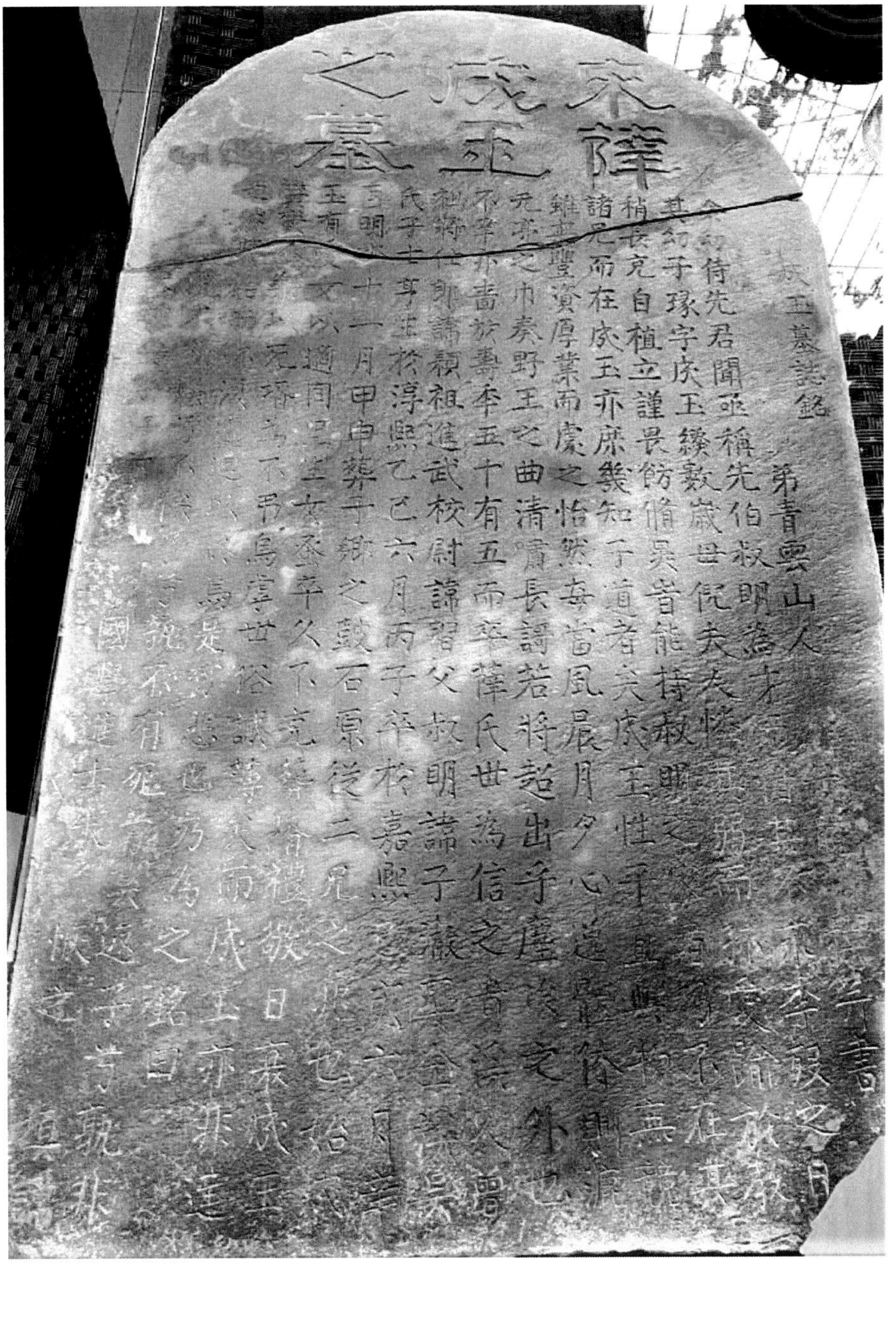

四十四、宋汪氏地券 淳祐二年（1242）九月二十七日

額正書：宋故汪氏孺人地券

維皇宋淳祐二年歲次壬寅九月／庚辰朔越二十七日丙子，即有撫州／臨川縣明賢鄉孝行里孝男唐時用上／奉父親，敢昭告于溪中坑口之／山神曰：先妣汪氏孺人生于淳熙／辛丑之八月，有男時用、時美，新婦二／人，皆王氏。孫男四人：如早、如玉、如金、／如陵。孫新婦曾氏。昨不期／先妣汪氏年方六十，於嘉熙庚子之／十二月，以一疾而終。克卜是晨，安厝／此上，坐寅甲，作申庚。山清水秀，虎踞／龍蟠。越自今而後，其有木之魍魎、土／之羵羊，神其斥之。庶俾／亡靈安固，子孫緜盛。春秋祭祀，／神其與享。謹券。劍江王作達刊。

四十五、宋趙必棆之父地券　淳祐三年（1243）三月二十一日

額正書：地券

維皇宋淳祐三年太歲癸夘三／月丁丑朔越二十一日丁酉，孝子／趙必棆等謹俻金帛置到地名黃／原坤申山，歸窆先考監嶽靈柩。其／地東止東乙，南拒丙丁，西至庚辛，／北拒壬癸。上戾蒼天，下及黃泉。此／疆彼界，合有斷連。丘丞墓伯，呵護／壙阡。青峯秀水，拱揖滿前。子孫蔭／益，万古千年。元有葬者，莫敢占先。／後有葬者，无淂專權。太歲知見，其／理昭然。急急如玄女律令。

四十六、宋范夷簡地券　淳祐四年（1244）十月二十九日

額正書：地券

維皇宋淳祐四年歲次甲辰／十月戊辰越二十九日丙申，／孤子范繼壽、繼遠敢昭告于率／陂東岸山后土之神／曰：惟我家世有此土，今奉先／考千九宣教諱夷簡靈柩坐巽／向乾，安葬于此。山環水遶，土厚／泉清，永為先考之壽藏。若節／春秋來展時祀，其與享之。其／有魑魅魍魎敢干兆域，神其驅／除之，使亡靈安妥，芘蔭子孫，賴／神之休，惟無斁，謹告之。券。

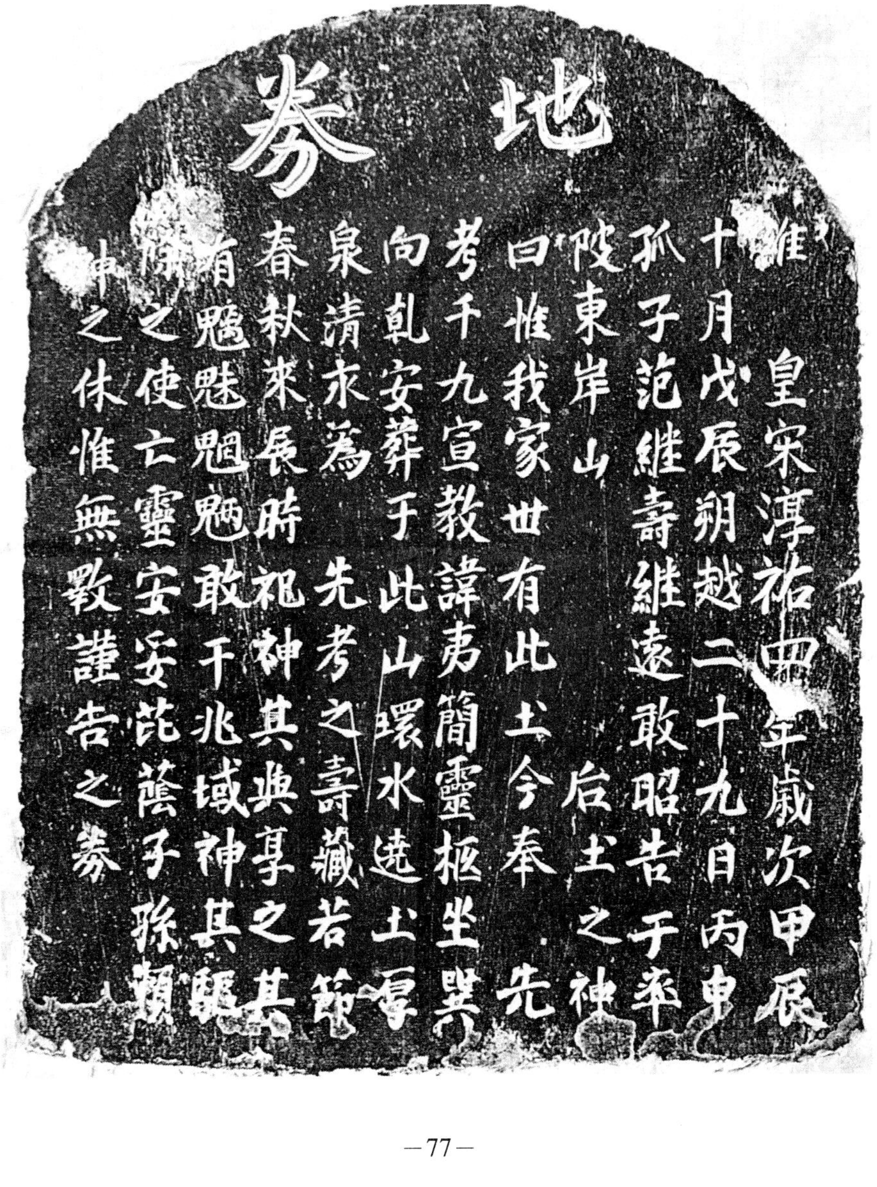
地券
維皇宋淳祐四年歲次甲辰
十月戊辰朔越二十九日丙申
孤子范繼壽繼遠敢昭告于率
陂東岸山后土之神
曰惟我家世有此土今奉先
考千九宣教諱夷簡靈柩坐巽
向乾安葬于此山環水遶土厚
泉清永為先考之壽藏若節
春秋來展時祀神其與享之其
有魑魅魍魎敢干兆域神其驅
除之使亡靈安妥芘蔭子孫賴
神之休惟無斁謹告之券

四十七、宋紹遠生基記 淳祐七年(1247)九月六日

額大字正書四行：瑞相／遠和／尚生／基記

額小字正書二行：於戊申十月初五日坐亡／取己酉正月十三日歸塔

無滅無生未能了悟，如夢如幻等是空虛。茫然三生石上之緣，團／其一把灘頭之骨。掩藏有待，良利適逢。紹遠，法名也，道號埜納，俗／姓黃，居豐城之鐸原。祖彥彬，父良顯，皆韜隱不仕。紹遠生於淳／熙戊申六月二十有七，自纫出家，一生蹭蹬。初供洒掃於臨川之／東林，欿畐進納，一夕被盜，囊裳成空。旋訴于官，幸有區處。次依連／珠，開小律于周坊。又值庚寅，草寇繹騷鄉人，乘亂剽掠，庫業亦為／烏有。每念為僧分薄，三尺之綾莫能入手。暨端平甲午，方遂落／髮之願，蒙恩府湖南都運安撫煥章范大卿，以瑞相六十餘年／無僧住持，俾令提董。就禮寶雲院僧善慧為師，乃立今名。復蒙／江西提舉司出帖住持。先師於嘉熙戊戌順寂，逐年緣化，左修／右葺，粗能完備。修裝三聖土地，甃砌正殿，粉飾彩繪，裝塑羅漢，建／造門楼。剃度徒弟宗本、永、誼與澄、普、浄，稍有次序。不期誼於癸夘／正月卒，本臈月卒，浄乙巳十月卒。逐年區區，不覺勞成氣疾。於癸／夘秋閏弃下院務，令澄掌管。甫歷兩朞，澄又退下。不免再撑病軀，／幹辦山門。仍題緣大興工作，修造法堂。今覺痼疾纏綿，躰力衰弱，／在生無日，入滅有期。會當委形躰於蛻蟬，且欿奪烏鳶於螻蟻。廼／於寺之西麓開一小穴，填砂砌磚，以為它日藏骨之所。去寺二百／步，坐乹向巽，山形閑寂，地勢清虛。鬼神呵禁不祥。魑魅共尊正教。／更異大衆到這時日，成此良緣，送我千秋萬古。紹遠自顧德薄，不／敢求記於賢士大夫，聊書數語，以叙本末。淳祐七年九月六日書。

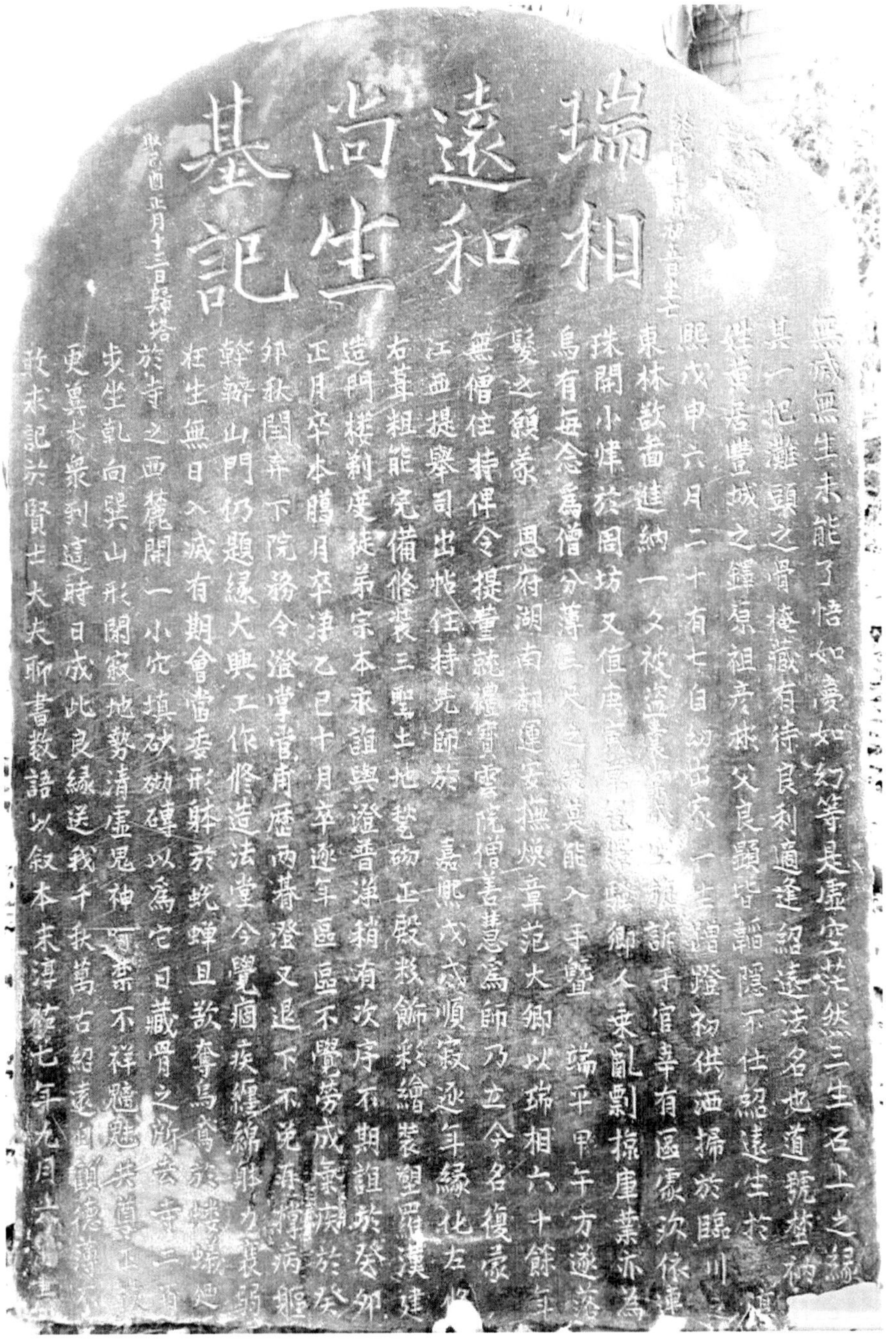
瑞相
遠和
尚生
基記

四十八、宋丘子陵王氏墓記　淳祐九年（1249）十二月一日

額正書四行：宋故／丘公／夫婦／墓記

公世居於隆興豐城富鄉之南源，丘其姓，子陵其名。娶臨堯王氏。／高祖名□，祖名祥。公雖稟性剛介而處心仁慈，勤以治家，儉以律／己，事親竭力，人無間言。襲祖宗故業，家政足雍容而思增廣計。經／營旋斡，慨然四方志，而不肯少懷。舟車興運，厚載而婦，鄉閭無無／不稱羨。由是，汗漫於江湖之間，得廣其聞見。而智慧自能過人，若／夫風景紛華，在在飽歡之樂。至嘉定壬申，延師義方之訓，歷季不／倦，非識見超乎流俗，能若是欤！父生淳熙甲午三月，故於淳祐戊／申除臘念七。母乾道有八。癸巳四月，行德与夫婦，相期終歲，亡如／鸾鶴同歸仙島。生男三人。長元善，娶傅氏。女雲孫，嫁撫之崇仁柯／寿夭如珪，延男甥女甥兩人，再續卒鄉獨崗甘，贅為婿。男孫文申、／文巳。次男元德，娶甘氏，男孫文仲、文顯、文政、文貴，女三孫，受吾鄉／孤峯甘聘。三男元用，娶顏氏，男孫文質、曉孫，女壬孫，幼未。卜葬於／淳祐玖年己酉季冬辛酉朔，舁柩安住南坡考妣先立双基，坐／辛向乙。所賴左右前後，維神有靈，善守護之。使魑魅魍魎不敢肆／侮，躰魄安而固，子孫熾而昌。春秋祭祀，神其与享之。／

親之族叔翁柯文顕刊。

宋故
丘公
夫婦
墓記
公世居於隆興豐城富鄉之南源丘其姓子陵其名娶臨溪王氏
高祖名山祖名祥公雖而性剛介而秉心仁慈勤以治家儉以律
己事親竭力人無間言襲祖宗故業家政是雍容而思增廣計經
營旋斡慨然四方志而不宵少懷舟車興運孚載而歸鄉閭無無
不稱羨者也其浮游於江湖之間得廣其聞見而智慧莫能過也若
夫風景紛華在在飽歡之樂至嘉定壬申延師義方之訓應舉不
倦非識見超乎流俗能若是歟父生淳熙甲午三月故於淳祐戊
申除臘念七母乾道有八癸巳四月行德与夫婦相期終歲亡如
雪鶴同歸仙鄉生男三人長元善娶傅氏女雲孫嫁撫之崇仁柯
壽夫如珪延男錫女錫兩人再續本鄉獨崗甘贊為婿男孫文申
文巳次男元德娶甘氏男孫文仲文顯文政文貴女三孫受吾鄉
孤峯甘騁三男元用娶顏氏男孫文質曉孫女壬孫幼未卜葬於
淳祐玖年己酉季冬辛酉朔昇撫安住居南坡考妣先立双基坐
辛向乙所翼左右前後維神有靈善守衛之使魑魅魍魎不敢肆
侮斡睨安而固子孫熾而昌春秋祭祀神其与享之
親之族叔翁柯文顯刊

四十九、宋繆六娘地券　寶祐六年（1258）六月十八日

額正書四行：宋故／繆氏／孺人／墓券

維皇宋寶祐六年歲次戊午六月己／卯朔越十八日丙申，崇仁縣郭北里哀／子高應孫、女一娘上侍父親，經卜宅兆／於崇仁鄉九都楊田湖寺坪之首，乙山／辛向，以安厝亡妣繆氏六娘靈柩。氏／生於嘉定丁丑五月初三日，歿於寶祐／丁巳十一月二十二日，享年四十有一。／故立玆券，以昭告于山神地祇。左龍／右虎，前雀後武。威冀聽聞，悉來擁護。毋／容螻蟻毒虵、魑魅魍魎，輙相侵害。庶俾／霛魂常安，生人獲吉，後裔繁昌。則春秋／祭祀，爾神其從與享之。謹告。

宋故
繆氏
孺人
墓券
維 皇宋寶祐六年歲次戊午六月己
卯朔越十八日丙申崇仁縣郭外里衣
子高應孫女一娘上侍父親經卜宅兆
於崇仁鄉九都楊田湖寺坪之首乙山
辛向以安厝 亡妣繆氏六娘靈柩氏
生於嘉定丁丑五月初三日殁於寶祐
丁巳十一月二十二日享年四十有一
故立茲券以昭告于 山神地祇左龍
右虎前雀後武咸冀聽聞悉來擁護毋
容螻蟻毒蛇魑魅魍魎輒相侵害庶俾
靈魂常安生人獲吉後裔繁昌則春秋
祭祀爾 神其從與享之謹告

五十、宋徐孟昭壙記 寶祐六年（1258）六月十九日

額正書：有宋徐氏孺人壙記

孺人姓徐氏，諱孟昭，字淑明。曾祖汝賢，祖雲／從，父大成，俱潛德弗耀，世居饒之泊水大睦／里。妣氏夙有淑質，動遵家訓。帰于先君劉公／知監海，其事尊以孝，相夫以道。其待人以／恕，其肅閨門以礼，其奉祭祀以敬，其處娣姒／以和。以故，閫則正，家則興，靡所不尽。至他／如賙恤貧乏，施予緇黃，經始屋廬，勤工係粲，／又不可以枚举。自先君謝世，妣氏經理家事，／扶植門户，訓誨孤稚，期玉于成。諸孤亦致力／燈窗，將有以顕揚之志，天胡奪吾母之／遽耶！嗚呼痛哉！妣氏生於淳熙辛丑十月十／二日，殁於宝祐癸丑十月九日。子男二人：祁，監沅／税，妣氏未葬而卒；郁，習進士業。女三／人：長適浮梁長薌黃崧；次適同邑張炎；次適／浮梁斛溪朱陞。妣氏男孫五人：松孫、梅孫、／杞孫、桂孫、椿孫。孫女五人。宝祐戊午六月十／有九日丁酉，奉柩窆于番陽里仁鄉赤土崗。／今姑摭其大槩，而誌諸壙。若夫阡表，又當丐／銘於立言之君子。孤哀子泣血百拜謹書。

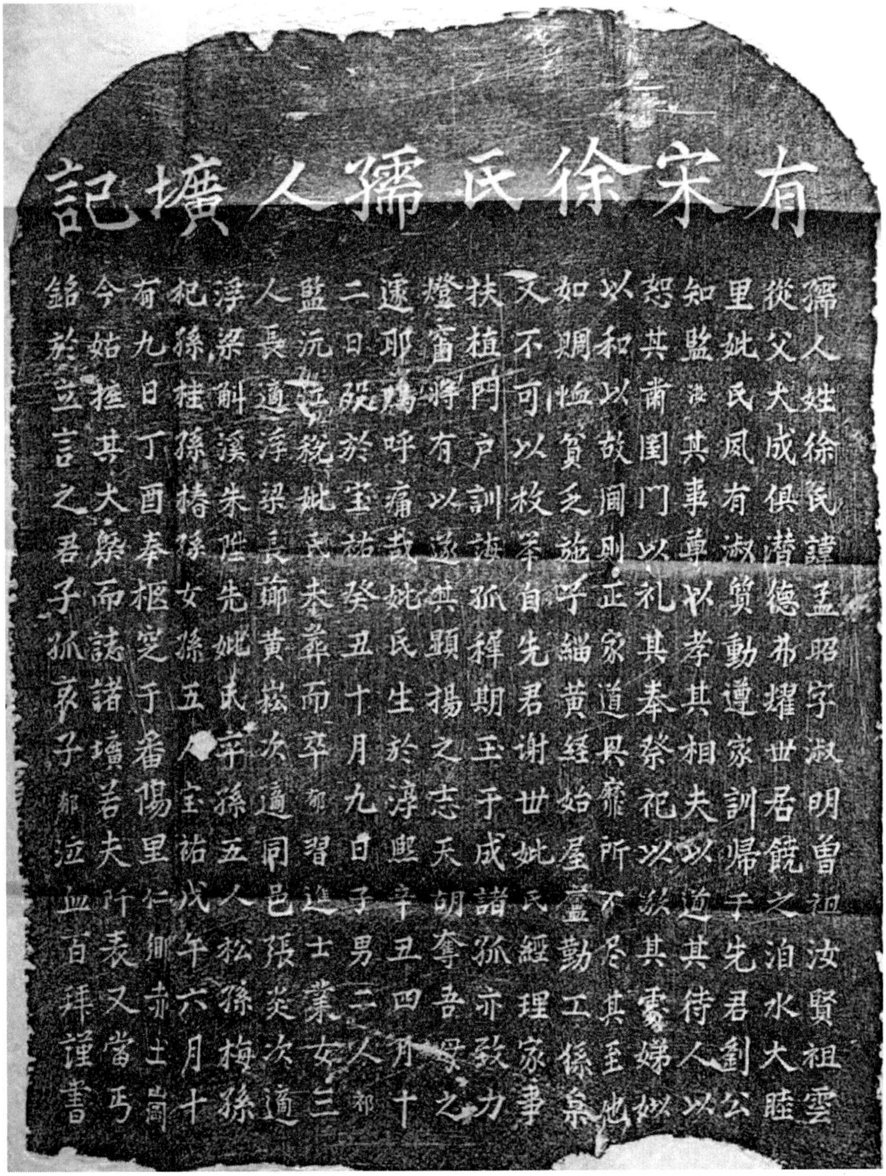
有宋徐氏孺人壙記
孺人姓徐氏諱孟昭字淑明曾祖汝賢祖雲
從父大成俱潛德弗耀世居饒之泊水大睦
里妣氏夙有淑質動遵家訓歸于先君劉公
知監涣其事尊以孝其相夫以道其待人以
恕其肅閨門以礼其奉祭祀以敬其需婦姒
以和以故閭則正家道興靡所不盡其至也
如賙恤貧乏施予緇黃經始屋廬勤工緒業
又不可以枚舉自先君謝世妣氏經理家事
扶植門戶訓誨孤穉期至于成諸孫亦致力
燈窗將有以遂其顯揚之志天胡奪吾母之
速耶嗚呼痛哉妣氏生於淳熙辛丑四月十
二日殁於寶祐癸丑十月九日子男二人郁
藍沅[illegible]妣氏未葬而卒郁習進士業女三
人長適淳梁長節黃嶽次適同邑張炎次適
淳梁斛溪朱陛先妣氏卒孫五人松孫梅孫
杞孫桂孫椿孫女孫五人寶祐戊午六月十
有九日丁酉奉柩窆于番陽里仁鄉赤土崗
今姑摭其大槩而誌諸壙若夫所表又當丐
銘於立言之君子孤哀子郁泣血百拜謹書

五十一、宋彭一飛壙記 咸淳四年（1268）十一月十四日

額正書五行：有宋／彭公／六二／宣義／壙記

有宋流芳居士彭公諱一飛，字翔卿，商大彭氏之後也，先世自洪徙撫金谿之帛園。皇考諱延壽，王考諱彥／達，考諱和，皆潛德弗耀。公生慶元丙辰三月，卒景定壬戌五月，享年六十有七。先妣王氏，先公一年卒。子男／二人：應龍、應雷。女二人，壻周謙、鄭桂。子孫男六人：鼎、觀、晉、履、豫，以天與為親戚張榘後治命。孫女三人，未適。／曾孫男二人。癸亥十有一月乙酉，殯于流芳庵，狀其行者友人章君煸。越六年，得兆於重湖，公舊嘗燕休遊賞／處也。以咸淳戊辰十有一月辛酉，奉柩歸窆。公生具慶下，父祖雅愛之。學未既，諉以家務。公處事有規，內外／靳靳，築精舍西偏。篤義方訓，誠禮師賓，族姻朋友子弟願學者咸造焉。歲飢，民艱糴，必傾廩以賑。雖值旱潦，／里無菜色。稚耋熙熙，率歌舞之。鄉有窶者，貸以金穀，雖久假不責其歸。人德其恩，終不忍負。壬子歲，疾甚久，／未間。鄉人相與徼福于神者以千數，惟恐公不一日即愈，繇是有瘳，既而壽未艾且十載。庚寅，寇披猖。庚申，／虜犯順。公毅色糾合保伍，聯翕閭亦整練以出。賊諜知，不敢逼，閭閈以無恐。晚歲，舉家務授二子，築廬別墅，／有松竹丘壑之勝，晨往而夕忘歸焉。白日枰棊，茶甌酒罇，相與左右。脫畧岸幅，雖臧獲亦愛且狎之。時或訪／舊賞新，飲樂輒醉，興盡而反。黃小蒼髯，莫不搴裾扶掖，不忍暫釋。其所以得此於人者，皆其自然而然。故其／物化也，涕泣而吊者，莫不悲嗟憤愴，若有以深動乎其中者。此豈呴嫗濡沫所耐致哉！公沉毅果介，質白儉／實而崖峻不露，粹然有古遺愛之風。覆劫萬物方陳乎前，而不得以入其舍。故其氣貌堅實而晶明，朱顏黑／鬢，色若嬰稚，咸以期頤許之，未踰中壽棄代而去。若子若孫蒼黃呌呼，遘此大罰，天乎神乎，其忍是乎，以至／於今。靈駿騑騑，不可追矣。玄室幽閟，不得見矣。萬歲千秋，此其決矣。痛哉痛哉！有如是邪！毀瘠孤纍未耐乞／銘於顯君子，謹書遺德，措之幽陰。彼蒼者天，曷其有極。咸淳四年十一月十四日，孤哀子應龍、應雷泣血謹誌。

五十二、宋余泰墓記　咸淳五年（1269）十二月十一日

額正書四行：宋故／余公／承事／墓記

先君姓余，諱泰，身居臨川之壙溪。公隱名斛山，／自纫習學祖業，愽通世理，□大爐□之□□，作／人鑄鍮之氣象。先君生於乙丑年七月十一夜／丑時，亨年六十有五。娶陳氏，生男三人：曰九成、／九齡、九旺。長娶高氏，次黃氏，小男徐氏。女一人，／適馮景華，病且逝矣。孫有明、有謀。三孫女：月、秀、／寅姑。先君偶因一疾傾離塵世，盖卒於己／巳年十二月初三日。今卜當月十一壬午，葬／於屋旁之左，乹山來龍，坐辛作乙。其地山明水／遶，綿遠不絶，宜為吉人之藏。合其銘曰：／

後山脩脩兮久遠，水遶旋旋兮吉昌。／子孫綿綿兮亨福，山神呵禁兮不祥。／

太歲己巳年十二月十一日掩壙，／孝男余九成、九齡、九旺泣血百拜謹書。

五十三、宋劉漢傳墓誌　咸淳五年（1269）十二月十九日

公姓劉，諱漢傳，字義甫，世為越之上虞人。曾祖平，國學進士。祖／閎。考昌宗，通直郎、淮東提舉茶盐司幹辦公事，贈朝請大夫。妣／陳氏，贈宜人。公生於慶元六年正月初九日，少為舉子，文思極／精。苦病不能卒業，則刻意於格物致知之學，窮幽測深，晚益超／詣。訓諸弟，令求此心眞樂；處家庭，怡集難疑荅問。充然有得，不／知環堵之蕭然也。咸淳三年春，始感足疾，即屏絶醫藥。越明季／二月十日，病且革。弟姪省問，則曰：「死生，命也，夫何言。」猶肅襟端／坐，啖飯如常時，絶口不道家事。迨晚就枕，恬然而逝。人謂雖精／於禪學者，莫能及。於是年七十矣，嗚呼痛哉！娶孫氏。男一人懷，／娶杜氏。女適進士沈桀夫。懷忍死將以五年十二月丁酉，奉治／命葬于上虞鄉東埭之原。未暇求銘於當世大手筆，姑志歲月，／以掩諸幽。

弟朝散郎、監行在都進奏院漢傳雪涕敬書。／

朝奉大夫、諸王宮大小學教授、兼福王府教授王元持填諱。

公姓劉諱漢傳字義甫世爲越之上虞人曾祖平國學進士祖
閎考昌宗通直郎淮東提舉茶鹽司幹辦公事贈朝請大夫妣
陳氏贈宜人公生於慶元六年正月初九日少爲舉子文思極
精苦病不能卒業則刻意於格物致知之學窮幽闡深晚益超
詣訓諸弟令求此心眞樂處家庭怡集難疑答問充然有得不
知環堵之蕭然也咸淳三年春始感足疾即屛絕醫藥越明年
二月十日病且革弟姪省問則曰死生命也夫何言猶肅襟端
坐啜飲如常時絕口不道家事迨晚就枕恬然而逝人謂雖精
於禪學者莫能及於是年七十矣嗚呼痛哉娶蔣氏男一人懷
娶杜氏女適進士沈榮夫懷忍死將以五年十二月丁酉奉治
命葬於上虞鄉東埭之原未暇求銘於當世大手筆姑誌歲月
以掩諸幽弟朝散郎監 行在都進奏院漢傳雪涕敬書
朝奉大夫諸王宮大小學教授兼 福王府教授王元特塡諱

五十四、宋鄒鐸孫氏墓誌 咸淳八年（1272）九月二十九日

額正書：有宋鄒公孫氏墓誌

先君諱鐸，字振父，先世居宜川，侍御繡衣之後也。派／分獅水，已歷年。先君幼習聲律，有志功名，奈何金榜／未登，玉楼重繕。所賴慈母孫氏撫育諸幼。僅踰兩載，／又不得侍一日之養。先君生加定辛未，歿於景定壬／戌。先妣生於加定戊辰，没於景定甲子。男二人：長璘；／次珌。女三人：長適涂子建；次適李雲叔；三適汪希正。／男孫禄孫、眷孫、閏孫，女孫滿娘。先君易簀之際，有囑／曰：「双親松楸之地，可合而一。」璘兄弟謹承先志，卜葬／臨川新豊鄉百二都南源何家窠。其地寅艮山来／龍，坤申作向，水乹亥歸寅甲。就封有期，却不敢請銘／于當世君子。姑叙大槩，以誌歲月。時皇宋咸淳八年／壬申歲六月二十九日甲申，孤哀子鄒璘、珌泣血記。

五十五、宋萬元可之父地券　咸淳九年（1273）九月十七日

額正書：萬君六大宣義地券

皇宋咸淳九年歲在癸酉九月庚辰朔越十／八日丙申，江南西路隆興府進賢縣崇信鄉／十九都龍居里進士萬元可、元茂等，敬以先／君六大宣義葬于錢源之皇。不敢以世俗左／券欺，按先儒有祠后土禮，謹以辞告。辞曰：／抱陰負陽兮，生之初歸也。復土兮，死之所。魂／竊竊兮，宅何鄉。室陰陰兮，依后土。眷茲脉兮，／自震來。勢蜿蜒兮，氣斯聚。丙峯起兮，前作朝。／壬岡隆兮，後為主。山環合兮，水帶紆。龍盤左／兮，右伏虎。地靈護兮，禁不祥。魑魅遠兮，屏狐／鼠。佳氣融兮，福後人。白壁閟兮，鎮千古。謹券。

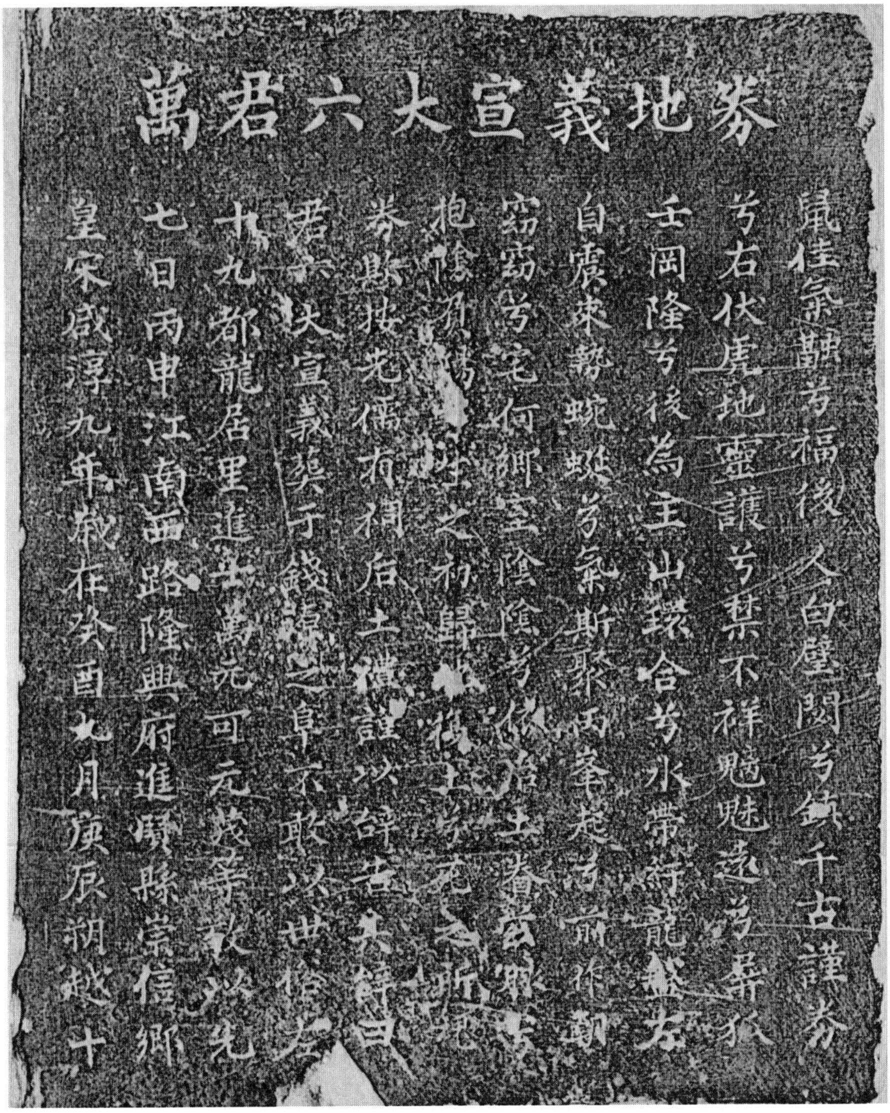
萬君六大宣義地券

皇宋咸淳九年歲在癸酉九月庚辰朔越十
七日丙申江南西路隆興府進賢縣崇信鄉
十九都龍居里進士萬元可元發等敢以先
君[illegible]六大宣義葬于錢塘之阜不敢以世俗之
券其按先儒有祠后土禮謹以辞告其辞曰
抱陰負陽[illegible]之初歸[illegible]土兮元之所[illegible]
窈窈兮宅何卿窆陰陰兮[illegible]土[illegible]兮
自震來勢蜿蜒兮氣斯聚丙峰起兮前作朝
壬岡隆兮後為主山環合兮水帶符龍盤左
兮右伏虎地靈護兮禁不祥魑魅遠兮[illegible]
風佳氣鍾兮福後人白璧閟兮鎮千古謹券

五十六、宋吳經壙記　咸淳九年（1273）十二月二十四日

額正書四行：宋吳／興一／宣義／壙記

先君諱經，字常甫，姓吳氏。曾大父可，大父煇，俱隱德不仕。父師淵，進義副尉。母艾氏。／世居饒州餘干習泰之赤嶺，娶禮洞艾氏。先君生有淋質，長而處事必三思而後行。承／祖父積桒之餘，侍學幹蠱，人皆稱為良子弟。庚寅歲歉，加之盜賊蠭起，樞相裕齋馬／公光祖委以防虞，不擾而辦，鄉閭感其平渠。厲志讀書，以功名自期，試輒不效，乃篤意／崇義方訓。遂託之從弟嶽使良弼為師範，於是一龍、洸、一中雖不克取進士第，而屢有／射目中眉之效。先君之望猶不淺，年垂八秩，志氣如初。壬申冬至之日，呼諸孤曰：「明年／吾將死。」乃遍省先塋焉。開正，飲食日減，氣息淹淹。以正月二十三日卒，其亦知命也夫。／先君子男三人，洸出繼為弟維後，女五人：長適臨川迪功郎、監蘄州蘄口鎮陳應午；次／適臨川兩請漕貢進士陳元鶴；次適臨川進士王一中；次適仝邑進士何應謙；幼成娘，／母微也，甫三歲。孫男國英、國華、畢孫，國華出繼為洸後。孫女三人。先君生於已未九月／二十四日，葬於本里羇山之陽。一龍等不欲丐銘於當世立言之君子，謹銓次其梗槩，／以記歲月云。皇宋咸淳九年十二月二十四日，孤哀子一龍、一中泣血謹誌。／

從弟儒林郎、前撫州軍事判官良弼填諱。

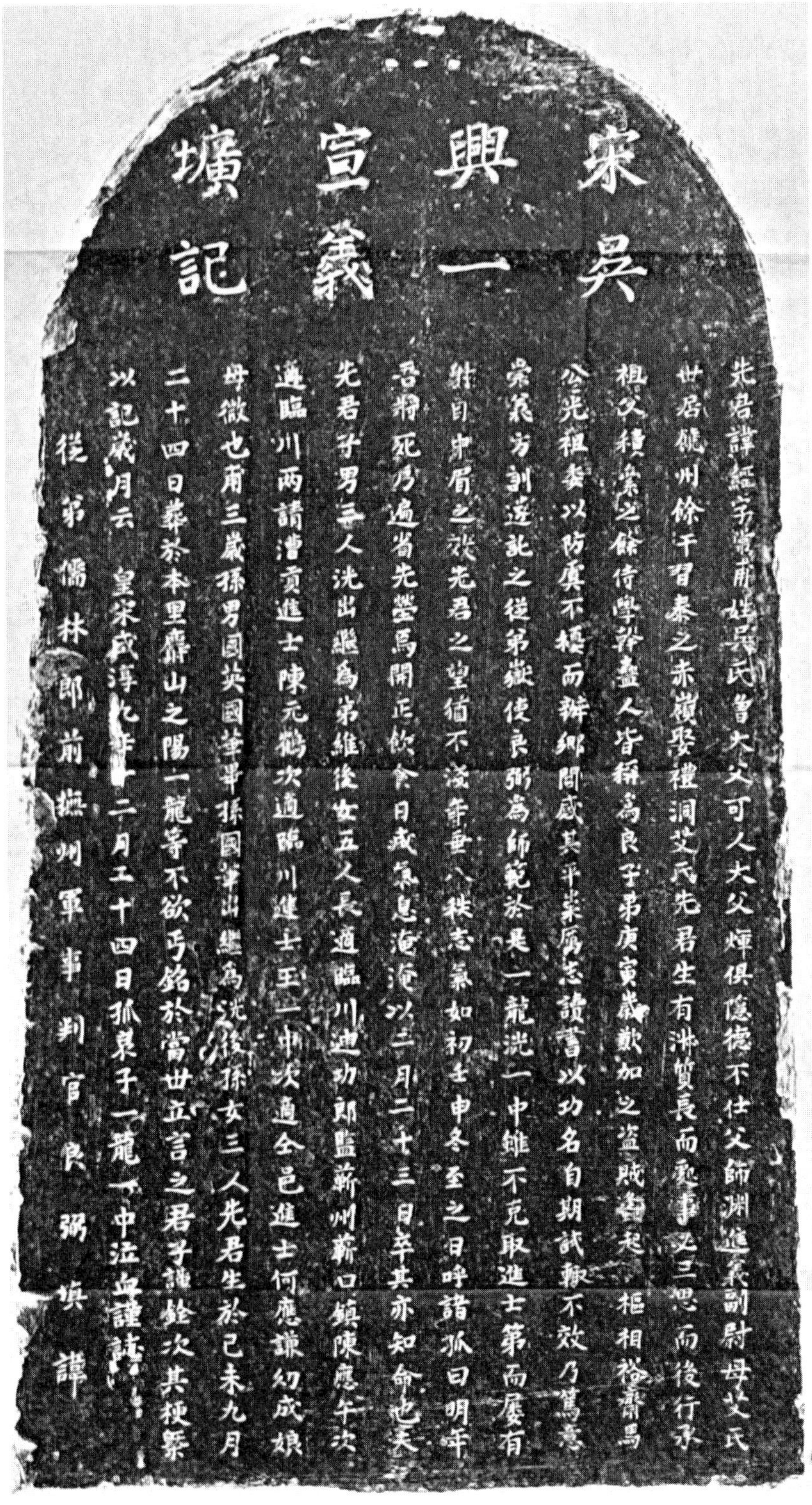

宋吳興一宣義壙記

先君諱經字常甫姓吳氏曾大父可人大父煇俱隱德不仕父師淵進義副尉母艾氏
世居饒州餘干習泰之赤嶺娶禮洞艾氏先君生有渊質長而處事必三思而後行承
祖父積業之餘侍學於盡人皆稱為良子弟庚寅歲歉加之盜賊蜂起樞相裕齋馬
公光祖委以防虞不擾而辦鄉閭感其平崇厲志讀書以功名自期試輒不效乃篤意
崇義方訓迪訛之從弟嶽使良弼為師範於是一龍洸一中雖不免取進士第而屢有
射策中肩之效先君之望猶不淺奈垂八秩志氣如初壬申冬至之日呼諸孤曰明年
吾將死乃遍省先塋焉閑正飲食日減氣息奄奄以二月二十三日卒其亦知命也夫
先君子男三人洸出繼為弟維後女五人長適臨川迪功郎監蘄州蘄口鎮陳應午次
適臨川兩請漕貢進士陳元鶴次適臨川進士王一中次適全邑進士何應謙幼成娘
母微也甫三歲孫男國英國華畢孫國華出繼為洸後孫女三人先君生於己未九月
二十四日葬於本里霹山之陽一龍等不欲丐銘於當世立言之君子謹銓次其梗槩
以記歲月云　皇宋咸淳九年二月二十四日孤哀子一龍一中泣血謹誌
從弟儒林郎前撫州軍事判官良弼填諱

五十七、宋周氏壙記 德祐元年（1275）十月二十二日

額正書四行：宋故／周氏／孺人／壙記

孺人，饒之餘干慈南人也。世為望／族，笄而歸我父室，相敬如賓。以孝／事公姑，以和睦媚族，以勤事農桑，／以儉訓子孫，可謂能全婦德也。孺／人生於乙卯年八月十八日。子男／二人：元容娶袁氏；元禮娶俞氏。女朱（二）／人：長適盧文慶；次適張文皋，蚤喪，周／氏繼焉。男孫四人。女孫三人。重孫二／人。於甲戌咸淳十年十二月十二日／傾逝，恰值先父去世之一期也。以明／年十月二十二日己未合葬于先父之／墓，姑記歲月云。孝男朱元容、元禮泣血謹記。

宋故周氏孺人壙記

孺人饒之餘干縣南人也世爲望
族笄而歸我父室相敬如賓以孝
事公姑以和睦姻族以勤事農桑
以儉訓子孫可謂能全婦德也孺
人生於乙卯年八月十八日子男
二人元容娶袁氏元禮娶俞氏女朱
氏長適鹿文慶次適張文阜孫娶周
氏繼哥男孫四人女孫二人重孫二
人於甲戌咸淳十年十二月十二日
傾逝恰值先父去世之一期也以明
年十月二十二日己未合葬于先父之
墓姑記歲月云孝男朱元容元禮泣血謹記

五十八、宋黎三娘地券　德祐元年（1275）十一月

維皇宋乙亥十一月壬申朔，/即有太平鄉桂松里孝男朱文旺、/胡文廣、文清、新婦潘氏、聶氏、孝孫/乙哩、師寄伏為亡母黎氏三娘享/年八十三歲。因往南山採藥，遇仙/賜酒，因醉而死。今用銀錢一千貫/就嶺上開皇地主边買陰地一穴，/安厝亡人。東止甲乙，南止丙丁，西/止庚辛，北止壬癸，中止亡人塚宅。/上止青天，下止黃泉。牙人張堅故，/書契人李定度。如有魍魎鬼神，不/得争占。今立證文為據，謹記。/

太上急如律令。勑。

按宋代所有的乙亥年十一月無壬申朔，故將此地券暫係於德祐元年（1275）。

五十九、宋楊四郎地券

額行草：地契青道

維大宋江南西道撫州金溪縣順／德鄉白圓保，即有歿故亡人楊四郎，行／年六十六歲。忽被二鼠侵藤，四蚍俱逼，命／落黃泉，兔歸冥道。生居浮世，死得／棺墎。今用銀錢五阡貫文，扲開黃地／主邊家買得土名住宅北伴□壬丑向廻／龍大地一穴。扵紹興年十一月十二日安葬，／礼也。其地東止甲乙，南止丙丁，西止庚辛，／北止壬癸。中止戊己明堂，上止青天，下止黃／泉。大道当心下穴，永为亡人万年塚宅。蔭／注子孫，代代冨貴。墓中亡人隨身衣／物及板木一具，並係亡人所管。／保人張堅固、李定度，書人天官道士。

六十、金田裕葬誌　大定二十年(1180)四月二十七日

額正書：田仲元先考靈櫬

父諱裕，生而慷慨，長而伶明。朋友之／道有始終，親戚之間無過失。於治／生有則。凡博奕至精。娶妻韓氏，／生有一男曰仲元。娶宋氏，生四孫，一男／三女。年五十五，因疾而亡。大金天輔／四年正月二日生，大定十四年九月十九日／身故。至大定二十年四月二十／七日葬，附於先祖考妣之墳，記。

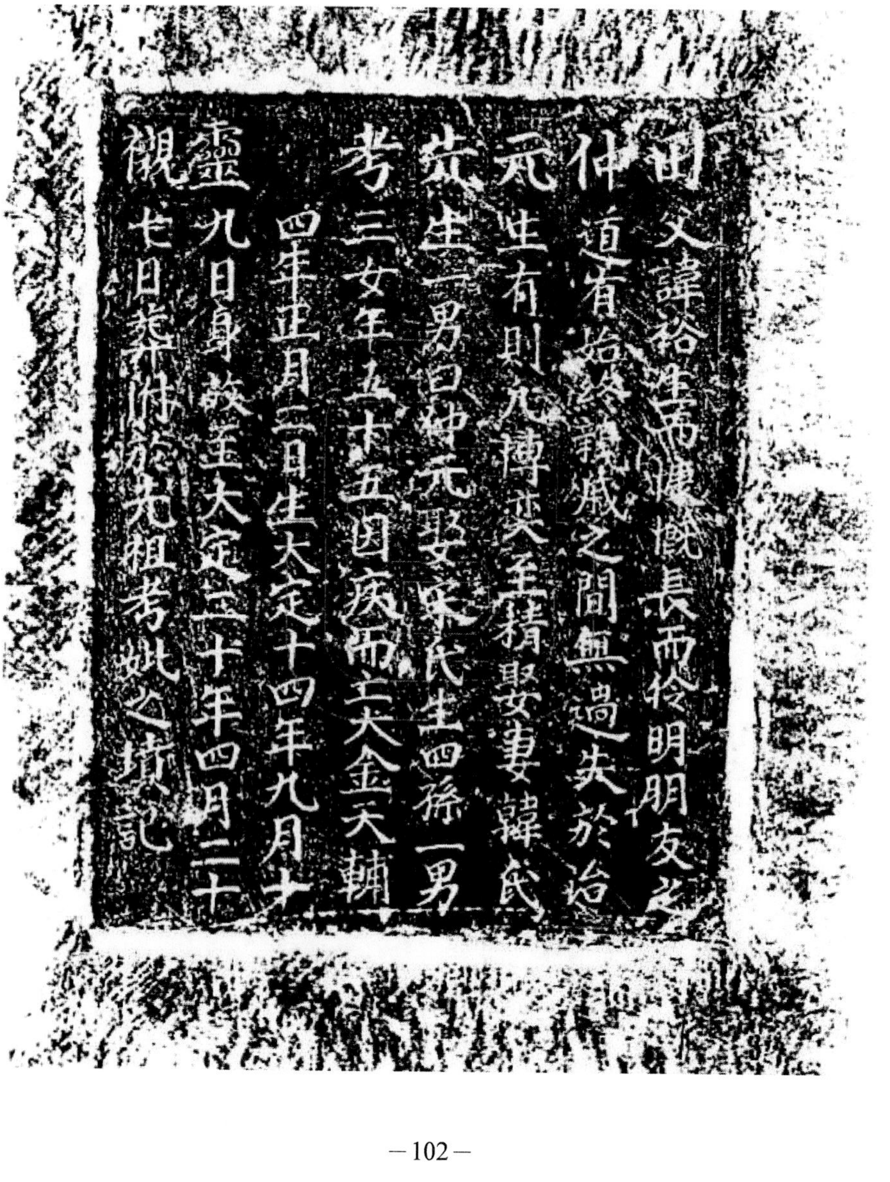

六十一、金覺山寺行公墓誌 泰和七年(1207)八月十四日

覺山寺殁故行公監寺墓誌/

中都香山大永安寺住持、傳法嗣祖、當寺沙門志玄撰。/

竊聞肇自摩騰入漢，大教東流，明帝𠞊立於僧居，隋/唐廣修於塔寺。然法無廢興，事有因緣。不逢法苑之/棟樑，安得□天成大□蔚蘿之西南，有邑曰靈丘，/邑之東□□□□□二十里有山，山中有寺，寺曰覺/山。昔亡遼重熙七年，是寺有監寺上人省文者，/出己囊資，罄其所有。不頃，檀信於邑之東關外𠞊建佛宇，/額曰寶興，其殿堂聖像壯麗，香積、廊洞、僚舍靡不悉/備。相繼有法孫圓覺主之，度門人九五，於中秀出者/惠霜，霜亦度僧二十五人。是寺自霜師之後，艱得其/人，紀綱不振，日漸凋弊。於戲！得人者昌，失人者亡，信/有之。厥有智行者出霜師之門，乃二十五數中一也。/□□□□故弊者新之，敗缺者完之。不數歲間，闕者/□□□□□左関人也，姓邢氏，齠齓辞俗。未久，皇統/□□□□□戒品，綩冠年，飛錫遊歷講學，專以清□/□□□□□勤既久，迤邐還鄉，鄉人命之開演，然非/□□□□□□挾策無憚。登涉名山勝迹，訪道尋師。/□□□□會有中都仰山寶和尚退席，道過山寺，/□□□相從□□州之大明，休肩於枯木堂，寅氏參/問，積有年矣。□東鄉中。俄有夲郡崇福寺通因演秘/大師，命為夲□之西大覺院宗主。經營八年，倉廪充/實，百不闕一。師念曰功成不處，古之道也。又念靈州/一境，善心淳厚，崇尚吾門，其來久矣。然皆律居，傳達/磨之真宗，提西來之妙音，直截一門，曾未之有。遂與/夲郡官民緇素作巨疏於朔郡，敦請長老安公，大闡/玄風。定十三年，本縣選充為管內都僧綱。解職之後，/復往中都大聖安寺，方歲周，有夲郡故太夫人王/氏馳書，禮勤厚請為功德院主人。久之，退而閑居寶/興。捐己衣資，前後飰僧數滿十千。自定十九年，山寺/首座大眾狀請住寺。歲在甲子仲春望日，殁于覺山/寺棲真院之精舍西。泰和四年二月初一日也。俗年/七十六，僧臘六十三。尊宿知事沙門道貫與師情敦/淡水，義等金蘭。不忘文師之後褒，遂葬遺骸於夲寺/西祖墳間，建塔□□不朽。寶興門徒十數，經業得度/者三，曰善暉、善延、善□。野人短於文墨，但録實迹耳。/

旹大金泰和七年丁卯八月甲辰朔十四日，知事沙門道貫立石。/

主講經沙門□□、典座習經沙門道初、/講主講經沙門清福、教讀習經沙門道昇、/山主講經律論沙門道明同立。

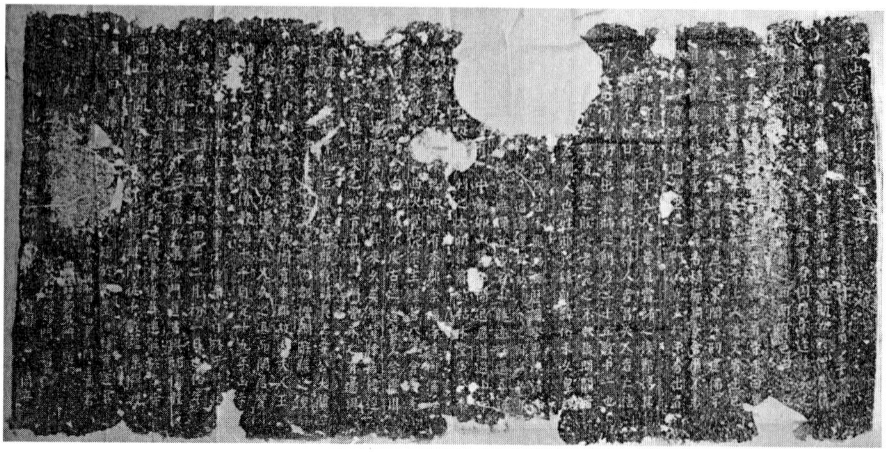

六十二、金覺山寺寧公禪師塔銘　大安三年(1211)七月十五日

□□□覺山寺寧公禪師塔銘 /

灤陽沙門運彥撰。 /

□水沙門道琳書。 /

東夏西天浮啚之氏，出家學佛者多矣。其於□ / 道歲寒不易者，良亦鮮矣。粵有大比丘道寧者， / 夲祖西慢散橫山疃里人也，俗姓盧氏。父諱資 / 成，母名牛氏。師自誕生之後，風儀深穩，語常含 / □。父母知其淳厚，捨令出家，礼夲縣覺山寺凝 / 公首座為師。至皇統二年，霈恩得度。迩後，携笻 / 北邁，直造弘州，師禀摩訶薩花為業。探賾妙義， / 扣擊玄門。忽於一日掩卷喟然而歎曰：「欲超生 / 死，必託禪那。」遂負钵挑囊雲中，訪道於西京永 / 寧，閣錫閑居，晨昏請益。自後，乘緣來歸夲寺，日 / 新道德，毗賛山門，戒德潛資，諸緣暗断，香燈佛 / 事十五餘秋。至泰和六年十一月十八日，示疾 / 而臥，順世□□□年七十二，僧臘六十五。門人 / 德遇□□悲傷，念先師之恩髙，仗何緣而報答。 / 林間卜池塔□葬之，焚奠勤勤，祀之以禮。平生 / 行履，刊石為□：

覺山影裏，翠栢林坰。 / □大比丘，厥号道寧。生居夲縣， / 西漫散村。擴山疃里，盧氏之門。 / 動容庠序，両善語温。出家未久， / 皇統蒙恩。迩後辝師，遊花嚴海。 / 孜孜切切，晨昏匪怠。復造雲中， / 尋師訪道。□擻塵埃，覓衣中寶。 / 飛錫東歸，息迹□山。香燈佛事， / 静室蕭閑。日新道業，十五暄涼。 / 幻緣既盡，撒手還鄉。門人德遇， / 追慕哀傷。及收靈骨，□地西崗。 / □□以塔，慈氏岩陽。命予為記， / □□□藏。

維大安三年歲次辛未七月庚戌朔望日，門人持誦沙門德遇、 / 童行清全、齊望孫、盧伯兒。

六十三、元馬氏墓誌　至元十四年(1277)正月四日

額正書二行：宗親／之記

大元西涼東街高契朗伏為／故妣馬氏，丙子年六十一歲，／於十二月二十六日辞世。遇／丁丑孟春一旬日，埋身形在／南郊，隱親灵住荒野。葬之大／理棺槨，宅兆卜之大吉。陽明／之地，居家荣昌。謹誌。／

歲次丁丑新正四日建。

宗親
之記

六十四、元完者倫券記 至元十四年（1277）三月七日

額正書：券記

牛馬走高平范子幼孤孽庸孺易侮，年十九，挾冊遊／京師，斫桂燒金，勞筋苦骨，人有不堪者。壬寅夏，吾婦／歸我，衣服飲食，風雪無畏。故能／随扈邊塞，畢力王事。及班厠周行，內助之力居多也。吾婦名完者倫，生於丁亥正月二十七日，其先世／蒙古怯列氏。癸卯十月，生男曰大都。又九年，余使江／淛，俾吾携子歸省吾祖母于豐城之故家槎村里。／奉養祖母甚悅，鄉閭族黨以柔順孝德稱。不幸，於癸／丑十月以疾終。余適新除賛儀署丞，留京師。吾婦淺／土，至甲寅冬，始得歸治葬。嗚呼！人世若斯，／國恩未報，死生契闊，夫復何言。卜丁巳三月丙申，葬／于龍興路富州大順郷断麂里劉公墓。其地坐辛向／乙，其山發跡，自鵠仙山傍峰蜿蜒而下，白石屹立為／靈槎，祖廟輕峦淺嶂，踴躍起伏，奔走東來，左廻右抱，／形止氣夷，允為吉兆。今勒石，謹昭告于／玆山之神曰：吾婦生北，死葬南方。頼尔山神，呵護不／祥。春秋祭祀，神其與享。福我子孫，世世其昌。匪徼貴／富，願生賢良。片石紀實，堅如金剛。山若有靈，千古不／忘。朞服夫范凱券記。

券記

牛馬走高平范子幼孤尊庸孺易侮年十九挾冊遊
京師斫桂燒金勞筋苦骨人有不堪者壬寅娶吾婦
歸我衣服飲食風雪無畏故能
隨扈邊塞畢力王事及班列周行內助之力居多也
吾婦名完者倫生於丁亥正月二十七日其先世
蒙古怯列氏癸卯十月生男曰大都又九年余使江
浙俾吾婦携子歸省吾祖母于豐城之故家槎村里
奉養祖母甚恱鄉閭族黨以柔順孝德稱不幸於癸
丑十月以疾終余適新除贊儀署丞留京師吾婦淺
土至甲寅冬始得歸治葬嗚呼人世若斯
國恩未報死生契闊夫復何言卜丁巳三月丙申葬
于龍興路富州大順鄉斷魔里劉公墓其地坐辛向
乙其山發跡自鵲仙山傍峰蜿蜒而下白石屹立為
靈槎祖廟輕舟淺嶂躋躍起伏奔走東來左廻右抱
形止氣表允為吉兆今勒石謹昭告于
茲山之神曰吾婦生北死葬南方賴尔山神呵護不
祥春秋祭祀神其與享福我子孫世世其昌匪徼不
富願生賢良片石紀實堅如金剛山若有靈千古不
忘眷服夫范凱券記

六十五、元張順孫墓誌　至元十九年（1282）正月

額正書：故張公仲一宣教墓誌

公世居建昌南城水口，諱順孫，字和／夫。曾祖邦基、祖牧、父葍英，母王氏。其／賦性與名表相符，少從義方，故所為／不悖理。金川何公子正處以甥舘，氷／玉相映。其謀事有機變，與物無忤，是／以即人，而人亦即之也。生於淳祐壬／寅，歿至元壬午。子女五人：興孫、何／孫、行孫、成孫、滿姑。以今月甲申窆白／石坑，此其大槩也。／

至元十九年正月吉日，孝叔文英書。

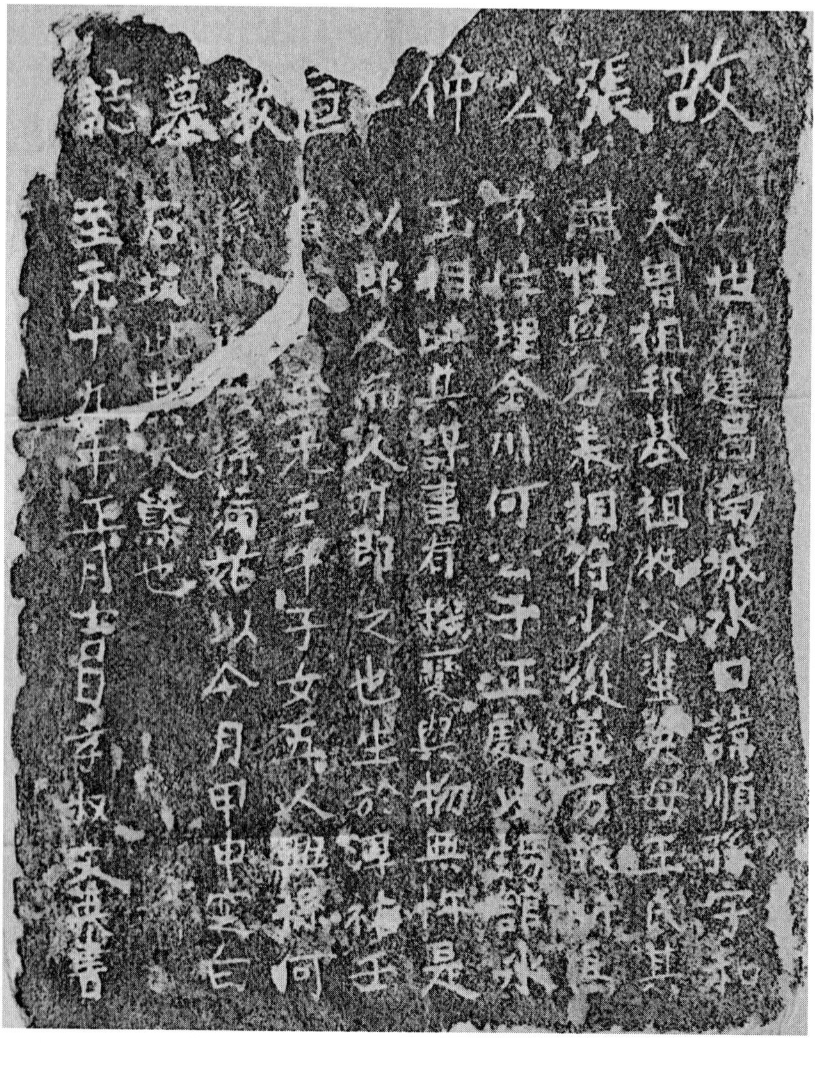

六十六、元黃克順墓記 泰定二年（1325）正月三日

額篆書四行：義堂／朝奉／黃公／墓記

先考義堂和六朝奉黃公墓記／

黃氏之宗源，出於婺州金華，後裔分泒，兄弟五人：一出信州弋陽；一居紹興諸暨；一居江／陵監利；一居龍興分寧雙井，即先太史公山谷族也；一居富州沇江里。先朝議公諱得禮，／與太史公為再從兄弟。沇江一族，至先公十二代，族属人物之夥，衣冠禮樂之榮，莫盛於／宋末。先公諱克順，號義堂，娶范清敏公西堂運使之孫，寔吾母也。公少年馳聲場屋，帰附／後继有绿林之擾，先廬帰于灰燼。公帥鄉閭搜捕，由是鄉井以寧，創屋治生，延師教子。毅／兄弟躬行踐履，不敢越乎規矩者，皆先公教育德也。至元乙酉，族中強僕倡禍弄兵，公遂／挈老稚，寓撫之崇邑市，借親眷陳氏屋以居。越十有七載，買屋于縣北門外，以便故鄉来／往。析田付諸子，供食俗慮一不関心。優游自逸，日晚杯酒，呼諸子侍飲。每言吾百歲／後，緇黃之事一切屏去，毋得乞銘於名貴，免飾辞，罔人常論古今事宜，立身治家之道，如／此者二十年。辛酉仲夏，倏以微恙，服藥弗瘳。公素明死生理，弗擾弗亂，安然而逝，享年七／十有九。雖公年僅中壽，亦無所憾，而毅兄弟甘旨之奉缺焉，未惬意，嗚呼痛哉！公平生志／氣爽烈，天性聰明，治經之外，醫藥卜筮之書亦所究心。中年遭革道更革，鄉井干戈相尋，／公獨保身保家，子孫繩蟄，生意不绝如線。雖祖宗之餘蔭，亦先公平生心地吉報也。公生／於有宋癸卯年閏八月二十日子時，逝於／大元至治辛酉五月初七日卯時。男毅、由庚、後庚，長男婦羅氏先公十年卒，继張氏亦喪，／次聶氏、吳氏。男孫元脩、元立、元煥、元復、馬生、壽老。孫男婦羅氏、李氏。曾男孫至生、泰生。長／孫元脩已夭死。女洵美適堂埈戴雲，孫甥五人。女孫如琇，適縣東溪南饒武博孫同祖。自／公傾逝，停柩于堂，欲擇宅兆之吉而安厝。奈事與願違，迄今四載，以乙丑年正月三日甲／申，奉柩塟于惠安鄉四十七都土源塘，坐寅向申。謀之龜筮，考之陰陽，亦云其吉，尊靈其／妥諸，以福後昆。遵治命，不敢乞銘于當吉名達，毅等揾血淚而書歲月于石，以藏諸壙云。／

姻姪承務郎、賛儀署丞范凱填諱，饒同祖書丹。

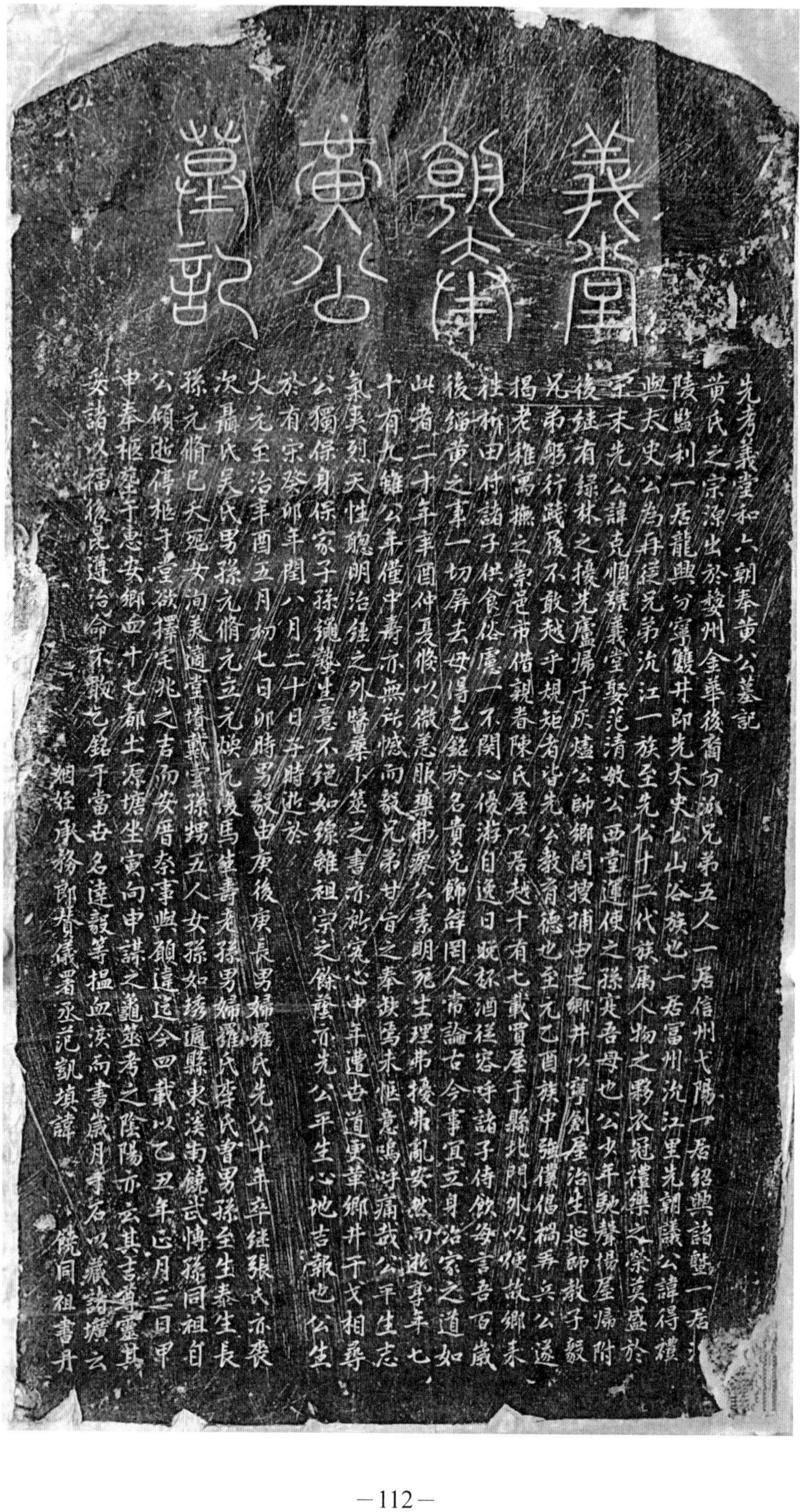

義堂朝奉黃公墓記

先考義堂和六朝奉黃公墓記
黃氏之宗源出於婺州金華後裔分派兄弟五人一居信州弋陽一居紹興諸暨一居[illegible]
陵監利一居龍興分寧雙井即先太史公山谷族也一居富州沆江里先朝議公諱得禮
與夫史公爲舟從兄弟沆江一族至先公十二代族屬人物之彬衣冠禮樂之榮莫盛於
宋末先公諱克順號義堂娶范清敏公西堂運使之孫寔吾母也公少年馳聲場屋歸附
後繼有緑林之擾先廬燬于灰燼公帥鄉閭搜捕由是鄉井以寧創屋治生延師教子毅
兄弟躬行踐履不敢越乎規矩者皆先公教育德也至元乙酉族中強僕倡禍弄兵公遂
揭老稚寓撫之崇邑市借親眷陳氏屋以居越十有七載買屋于縣北門外以便故鄉未
往祈田付諸子供食俗慮一不關心優游自逸日嘅杯酒從容呼諸子侍飲每言吾百歲
後緇黃之事一切屏去毋得乞銘於名貴兄飾辭罔人常論古今事宜立身治家之道如
此者二十年辛酉仲夏倏以微恙服藥弗瘳公素明死生理弗擾弗亂安然而逝享年七
十有九雖公年僅中壽亦無所憾而叡兄弟甘旨之奉缺焉未愜竟嗚呼痛哉公平生志
氣果烈天性聰明治生之外醫藥卜筮之書亦以究心中年遭世道更革鄉井干戈相尋
公獨保身保家子孫繩繩生意不絕如緣雖祖宗之餘蔭亦先公平生心地吉敘也公生
於有宋癸卯年閏八月二十日寅時逝於
大元至治辛酉五月初七日卯時男叡由庚後庚長男婦羅氏先公十年卒繼張氏亦喪
次聶氏吳氏男孫元脩元立元煥元俊馬生壽老孫男婦羅氏蔣氏曾男孫至生泰生長
孫元脩已夭冠女適羨適堂姪載宗孫甥五人女孫如綉適縣東溪南饒武博孫同祖自
公傾逝停柩于堂欲擇宅兆之吉而安厝奈事與願違迄今四載以乙丑年正月三日甲
申奉柩塟于惠安鄉西十七都土源塘坐寅向申謀之龜筮考之陰陽亦云其吉尊靈其
妥諸以福後昆遵治命不敢乞銘于當世名達叡等搵血淚而書歲月于石以藏諸壙云
姻姪承務郎贊儀署丞范凱填諱　饒同祖書丹

六十七、元黃有琮墓誌 至元十九年(1282)十二月十六日

額篆書四行：故朝奉／北山先／生黃公／墓誌銘

衛武公九十五作懿詩自警，今北山公九十六釋孝經訓孫，即一事驗，平生則／善慶相因明矣，此一世所感歎也。公姓黃，諱有琮，字琢夫。唐有節度使以節義／移鎮南城之楓林，今世居官溪，其後也。公形臞而養固，神清而氣和，自曾祖積／中，祖延齡，父椿，世以順裕。行二百里，人見有文雅淳實者，必曰此黃主簿子孫。／厚其家積也。而公敏而好孝，自幼侍叔祖，即能以小吟動時聽。長，師傅公琴山／一見以「莊舒」二字定其平生，故始末不渝。大比秋選，雖殿之亞，无慍色。至淳祐／甲辰，其子闐登進士第，无喜色。雍雍于于，不以尺寸改常度。自後，其子之官迎／侍，所至加敬。在湖南機幕，帥汪公立信、澧李公義山以父兄待，動必諏訪。及仕／於內，通朝士大夫自同年丞相以下，知其具慶皆近百歲，必致起居飲食問。至／皆以綵墅華其子之稱，輒愧謝不受。盖世守清約，不以一毫求知。而天報者豐，／人仰者實，然或未見处艱時也，動皆駭耳目、喪心膽事。而公聰明強健，五六歲／如一初觀。卒之前四日，猶細書密義，以訓孫稚，可見也。平生扵天文地理陰陽／醫書无不抄札，時及釋典，然未嘗占休咎。親藥裹，父子自為孝行善外，一惟信／之天耳。而受報益豐，天之至教，今之世教，具有在矣。識者扵此，能不扵公而加／歎省哉！生淳熙甲辰，至九十六年，己夘九月初七終。累封至朝奉郎。娶洪氏，子／二：長闐，前朝散郎，監行在榷貨務都茶場；次杰，出贅同里饒。孫男五：長浩，出贅／貴溪盧；次垕、淵、荣、鳳。女孫一。曾男孫五，女孫四。以壬午十二月壬寅日，葬本里／棟梁高窠。方蚤獲侍公誨，復与闐同文社盟。哀而銘曰：

公之全乎天者，即一／初之渾然。天之福乎公者，一如公之所全。然天之壽乎公者，惟百年。而／公之壽其天者，有中局百世之傳。

姻契姪前進士周方撰。

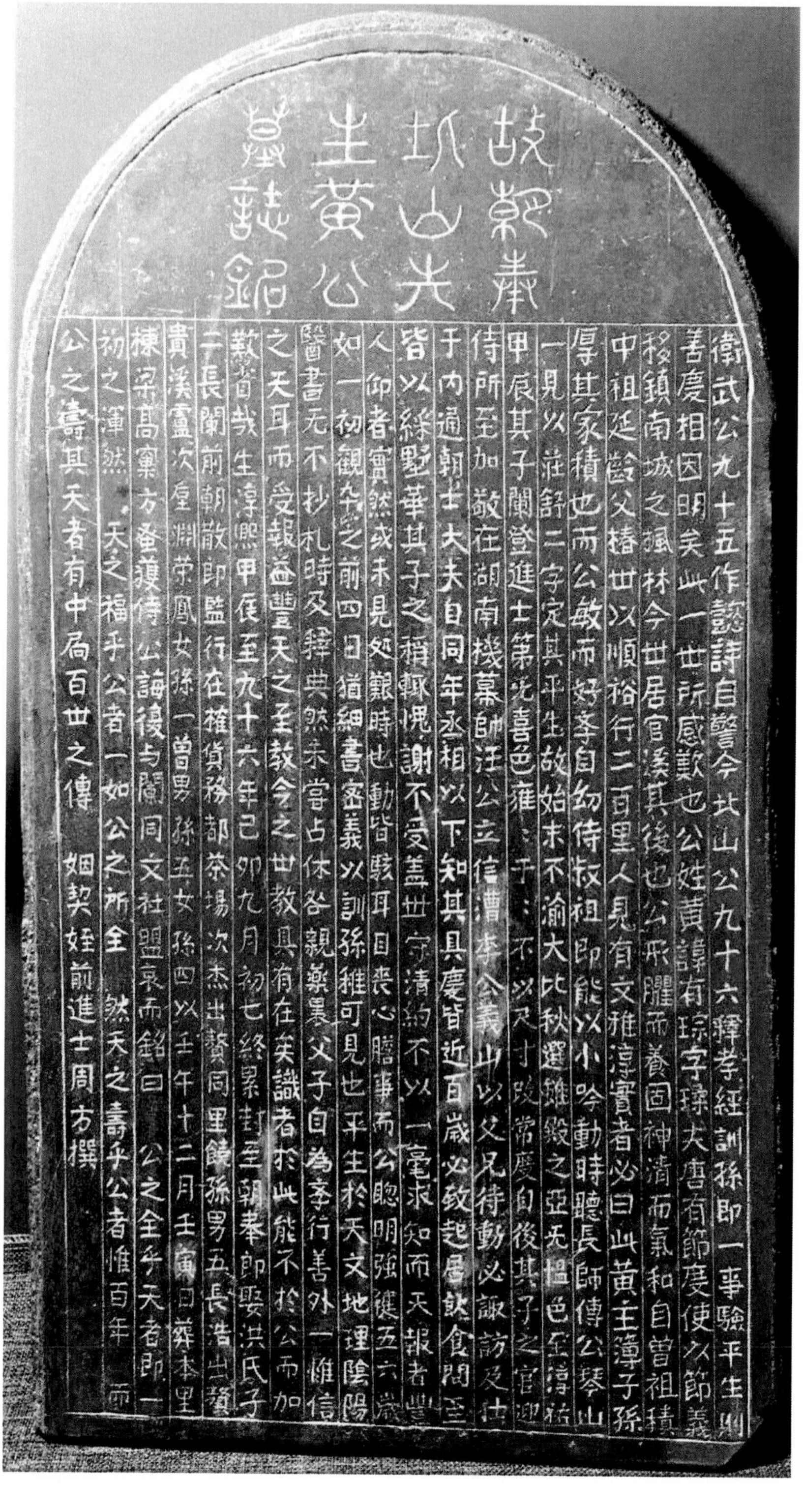
故鄉貢
北山先
生黄公
墓誌銘
衛武公九十五作懿詩自警今北山公九十六釋孝經訓孫即一事驗平生則
善慶相因明矣此一世所感歎也公姓黄諱有琮字璪夫唐有節度使以節義
移鎮南城之楓林今世居官溪其後也公形臞而養固神清而氣和自曾祖積
中祖延齡父椿世以順裕行二百里人見有文雅淳實者必曰此黄主簿子孫
厚其家積也而公敏而好學自幼侍叔祖即能以小吟動時聽長師傅公琴山
一見以莊舒二字定其平生故始末不渝大比秋選雖璲之亞无愠色至淳祐
甲辰其子蘭登進士第光喜色雍雍予不以尺寸改常慶自後其子之官迎
侍所至加敬在湖南機幕帥汪公立信漕李公義山以父兄待動必諏訪及壯
于內過朝士大夫自同年丞相以下知其具慶皆近百歲必致起居飲食問至
皆以綠鬢華其子之稱輒愧謝不受蓋世守清約不以一毫求知而天報者豈
人仰者實然或未見怨艱時也動皆駭耳目喪心膽事而公聰明強健五六歲
如一初觀夲之前四日猶細書密義以訓孫雖可見也平生於天文地理陰陽
醫書无不抄札時及釋與然未嘗占休咎親藥餌父子自為孝行善外一惟信
之天耳而受報益豐天之至教今之世教具有在矣識者於此能不於公而加
歎者哉生淳熙甲辰至九十六年己卯九月初七終累封至朝奉郎娶洪氏子
二長蘭前朝散郎監行在榷貨務都茶場次杰出贅同里饒孫男五長浩出贅
貴溪盧次垕淵萊鳳女孫一曾男孫五女孫四以壬午十二月壬寅日葬本里
棟采高窠方蚕獲侍公誨後与蘭同文社盟哀而銘曰 公之全乎天者即一
初之渾然 天之福乎公者一如公之所全 然天之壽乎公者惟百年 而
公之壽其天者有中扃百世之傳 姻契姪前進士周方撰

六十八、元黃三承事地券　至元二十一年（1284）八月三日

額正書：故黃三承事地券

建昌府南城縣太平鄉七都東坑，即有／黃三承事享年五十六歲。忽被二鼠侵勝，／四蚍俱逼，命落黃泉，翫帰冥道。生居／浮丗，死還棺槨。今用銀錢九千貫，就開／地主買得庚山甲向陰地一穴。東止甲乙，南／止丙丁，西止庚辛，北止壬癸。中是亡人万年／塚宅。保見者坚固仙人，書契者天官道／士。故立券文為照證。至元二十一年八月初三日，／孝男必㒷、新婦許氏、長孫必清、次孫師俚立。

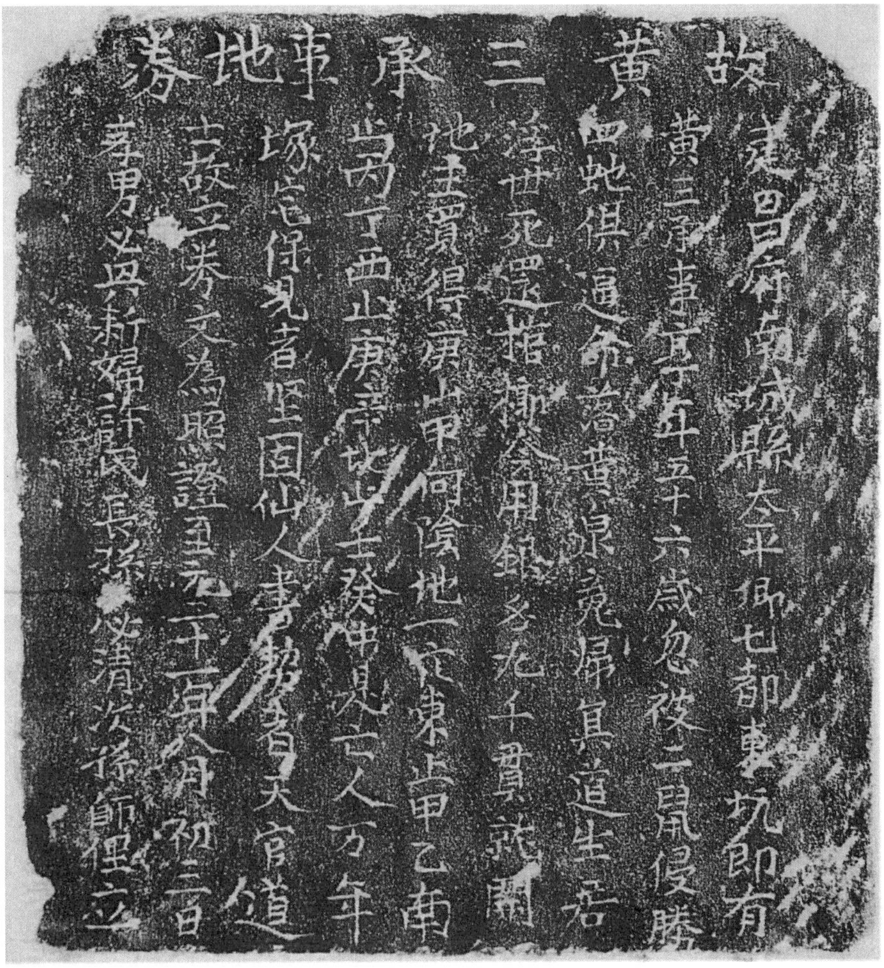

六十九、元張棋墓誌　至元二十四年（1287）八月十四日

大元故富順州尹張公墓誌銘并序／

襄山李𬊈撰，彭衙潘劼書。／

公諱棋，字祐之，太原汶水人。先世無可稽，父賨為／王邸民官，母章氏。以豪右隸兵籍，徙秦，因家焉。公少勤書，壯優吏業。／聖元肇造區宇，塔海紺卜元帥奉辭西討，辟公幕府掾。從事有功，陞經歷。阿／塔忽、紐隣二帥相継分閫，公職如故。參預方略，卒定西蜀。披榛莽，立官府，／贊翊居多。至元二年，改成都路勸農官，兼提舉河堰。未幾，遷樞密行院都／事，兼新民總管。撫字傷殘，以實德陽等郡，民樂更生之恩。十四年，／宣授成都路河渠都提舉，導江疏派，周溉沃野，歲稼滋稔，兵食繇是以饒。継／任眉州尹，兼領諸軍事。下車之初，剪剔舊弊，政令為之一新。修文廟，以舉／廢典；搆三蘇之堂，以表前賢。知無不為，翕然稱治。秩滿，尹富順，政亦如之。／居二載，肇疾還成都。廿三年丙戌冬十一月廿四日，終于所居之正寢，享／年六十有八，遺訓權厝于蜀。公先娶夫人何氏，生男世榮，仕至秦蜀行中／書省宣使，婦靖氏、史氏。孫男二人：孟曰継先；仲曰継祖。孫女哇哥、英哥，俱／幼。世榮弟世炎，不幸罹水厄。公之女二人：長適陝吏紐秀；次適靖明恕。夫／人何氏之没也，先公廿餘年，遂娶郝帥長女為夫人。鞠育諸幼，慈若所生，／始終無間。公喪踰期，世榮謀及母曰：「先人素有守丘之心，竟莫遂也。長安／少陵原之別業，顯祖塋域斯在，曷往葬焉。」於是跋涉艱險，卒護櫬以帰。卜／以丁亥八月十四日壬申，同夫人祔葬以禮，左虛郝氏之穴，存義也。／公之生平，質且尚氣，寬裕喜施，治家有則，居官以勤。故能揚歷仕途，順受／而終。求之等夷，不多淂也。世榮持行狀泣拜，請銘墓石，辝不獲已，是為銘：／

維公族源，寔出古并。兵籍例遷，／家秦之京。一行作吏，歲從于征。／鞅掌賢勞，籍甚其聲。揚歷仕途，／迄用有成。生兮無忝，死也為榮。／肇櫬來帰，禮祔先塋。清渭東流，／玉案南横。勒諸貞石，永固佳城。／

至元二十四年秋八月十四日，孝子世榮刻誌。

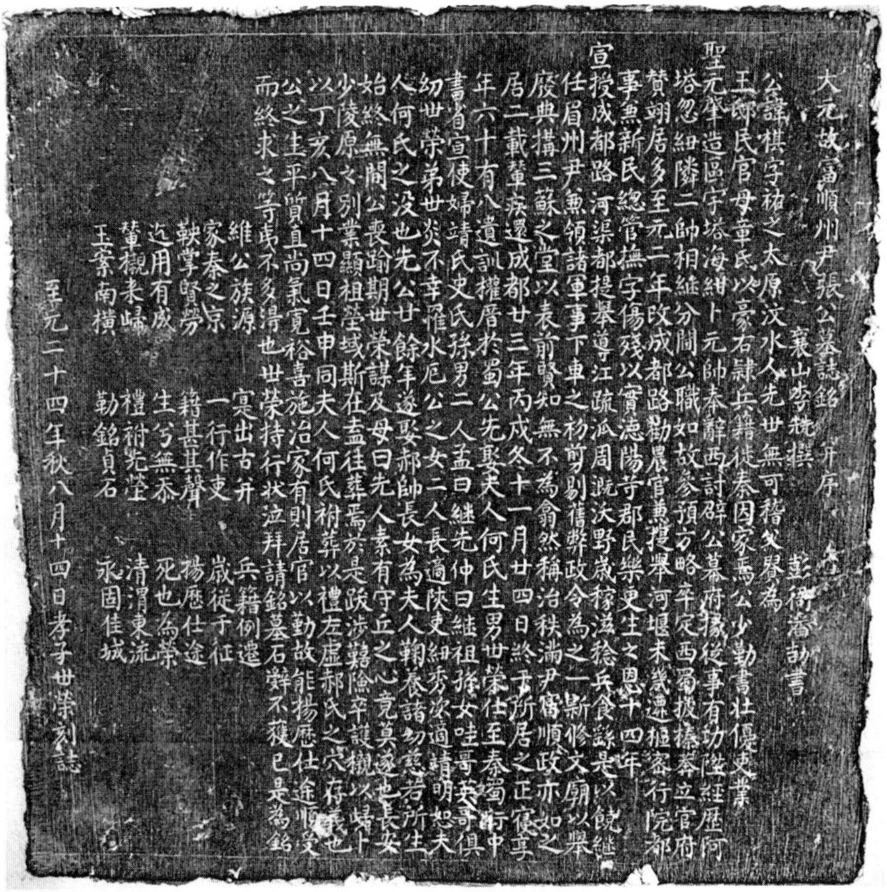

大元故富順州尹張公墓誌銘并序
襄山李櫶撰　彭衙畬勍書
公諱棋字祐之太原汶水人先世無可稽父磐為
王師民官母章氏以豪右隸兵籍徙秦因家焉公少勤書壯優吏業
聖元肇造區宇塔海紺卜元帥奉辭西討辟公幕府掾從事有功陞經歷何
塔忽紐鄰二帥相繼分閫公職如故參預方略平定西蜀援㩲奏立官府
贊翊居多至元二年改成都路勸農官兼提舉河堰未幾遷樞密行院都
事兼新民總管撫字傷殘以實德陽等郡民樂吏生之恩十四年
宣授成都路河渠都提舉導江疏派周溉沃野歲稼滋稔兵食贍是以能繼
任眉州尹兼領諸軍事下車之初剪剔舊弊政令為之一新修文廟以舉
廢典構三蘇之堂以表前賢知無不為翕然稱治秩滿尹富順政亦如之
居二載葦疾還成都廿三年丙戌冬十一月廿四日終于所居之正寢享
年六十有八遺訓權厝於蜀公先娶夫人何氏生男世榮仕至奉蜀行中
書省宣使婦靖氏史氏孫男二人孟曰繼先仲曰繼祖孫女哇哥英哥俱
幼世榮弟世炎不幸罹水厄公之女二人長適陝吏細秀次適靖明恕夫
人何氏之没也先公廿餘年遂娶郝帥長女為夫人鞠養諸幼慈若所生
始終無間公喪踰期世榮謀及母曰先人素有守丘之心竟莫遂也長安
少陵原之別業顯祖塋域斯在盍往葬焉於是跋涉艱險卒護櫬以歸卜
以丁亥八月十四日壬申同夫人何氏祔葬以禮左虛郝氏之穴存義也
公之生平質直尚氣寬裕喜施治家有則居官以勤故能揚歷仕途順受
而終求之等夷不多得也世榮持行狀泣拜請銘墓石辭不獲已是為銘
維公族源　寔出古并　兵籍例遷
家秦之京　一行作吏　歲從于征
鞅掌賢勞　籍甚其聲　揚歷仕途
迄用有成　生兮無忝　死也為榮
葦櫬來歸　禮祔先塋　清渭東流
玉案南橫　勒銘貞石　永固佳城
至元二十四年秋八月十四日孝子世榮刻誌

七十、元彭德禮墓誌　元貞二年（1296）九月二十四日

故先君彭公五四承事墓／

彭為撫著姓，居崇仁禮賢之東華者，實繁以綿，先君其／一也。君諱德禮，字祥甫，生於宋庚寅十一月十九日未／時，父四三承事。先君娶吳氏。生男二人：長友龍，娶王氏；／次繼龍，為穎秀朱嶺鄭氏婿。生女二人：三三娘，歸同邑／許景仲；次卯娘，歸宜川梅叔翔。孫男三人：吾姑、秦姑、德姑。孫／女二：申娘、聖娘。先君性朴茂恭信，鄉里稱為長者。謂宜／克享高年，夫何竟以咸淳癸亥二月弃諸孤。嗚呼痛哉！是／葬于里之橫坑。越三十四年，陰陽家謂是不足妥靈，將／不利其子孫。於是丙申九月二十四日，復遷奉葬于所居／之傍，實大元元貞二年也。其地坐癸向丁，視舊阡為勝。／前五日，友龍等忍泣書其卒葬大槩，藏諸壙云。／

孤子友龍、繼龍泣血敬書。

故先君彭公五四承事墓
彭爲撫著姓君崇仁禮賢之東華君實繁以綿先君其
一也君諱德禮字祥甫生於宋庚寅十一月十九日未
時父四三承事先君娶吳氏生男二人長友龍娶王氏
次繼龍爲穎秀朱縝鄭氏婿生女二人三三娘歸同邑
許景仲次亞娘歸宜川梅叔翔孫男三人吾姑秦姑德姑孫
女二一伸娘壓娘先君性木訥恭信鄉里稱爲長者謂宜
克享高年夫何竟以咸淳癸亥二月弃諸孤嗚呼痛哉是
葬于里之橫坑越三十四年陰陽家謂是不足安靈將
不利其子孫於是丙申九月二十四日復遷奉葬于所居
之傍實大元元貞二年也其地坐癸向丁視舊阡爲勝
前五日孤龍等忍泣書其卒葬大槩藏諸壙云
孤子友龍繼龍泣血敬書

七十一、元劉灼符券　大德四年(1300)九月五日

額篆書五行：先考/劉公/竹坡/居士/符券

青鳥子曰：按鬼律云，葬不斬草，謂之盜葬。廼作券文曰：維/大元國大德四年歲次庚子九月壬寅朔越初五日丙午良利，貫江南西道吉州路廬陵縣膏澤鄉宣化/櫟里塘保牢田居住孝男劉紹孫、成孫、惠孫，女八娘、九娘、三娘、四娘，孫男居仁、居敬、居一、居正、居寬、居善、/居明、天保，孫女七人，曾孫男壬郎、天定、未郎、天德、庚郎，曾孫女四人，伏為先考劉公竹坡四居士諱灼/字俊叔，生於嘉定十三年庚辰七月初八日未時，歿於大德元年丁酉十月初一日卯時。今卜此吉日，動/土開壙，而安厝於儒林鄉四十一都廊田之原，作戌乾山辰巽向，為之宅兆。謹以冥貨極九九之数幣帛，/依五方之色，就于后土陰官鬻地一區。東至青龍，西抵白虎，南極朱雀，北距玄武。內方勾陳，分治/五土。彼疆此界，有截其所。神禹所度，豎亥所步。丘丞墓伯，禁切呵護。敺彼罔象，投畀兕虎。弗迷獸異，莫予/敢侮。千齡億年，永無災苦。敢有干犯，神弗宥汝。幽堂亭長，收付地下。主者按罪，莫敢云赦。乃命翰林，子墨/客卿，為作券文。亡人永執，安鎮幽宅。天光下臨，地德上載。藏辰合朔，神迎鬼避。塗車芻靈，是為器/使。夔靈魑魅，莫能逢旃。妥亡祐存，罔有不祥。子子孫孫，俾熾俾昌。山靈地神，實聞此言。謂予不信，有如皦/日。梅山眞人，時在傍知見。急急如/太上女青詔書律令，敕。/

太上神符，安鎮幽宅。亡人永吉，子孫昌熾。邪精伏藏，蛇鼠徙跡。急急如律令，勑。

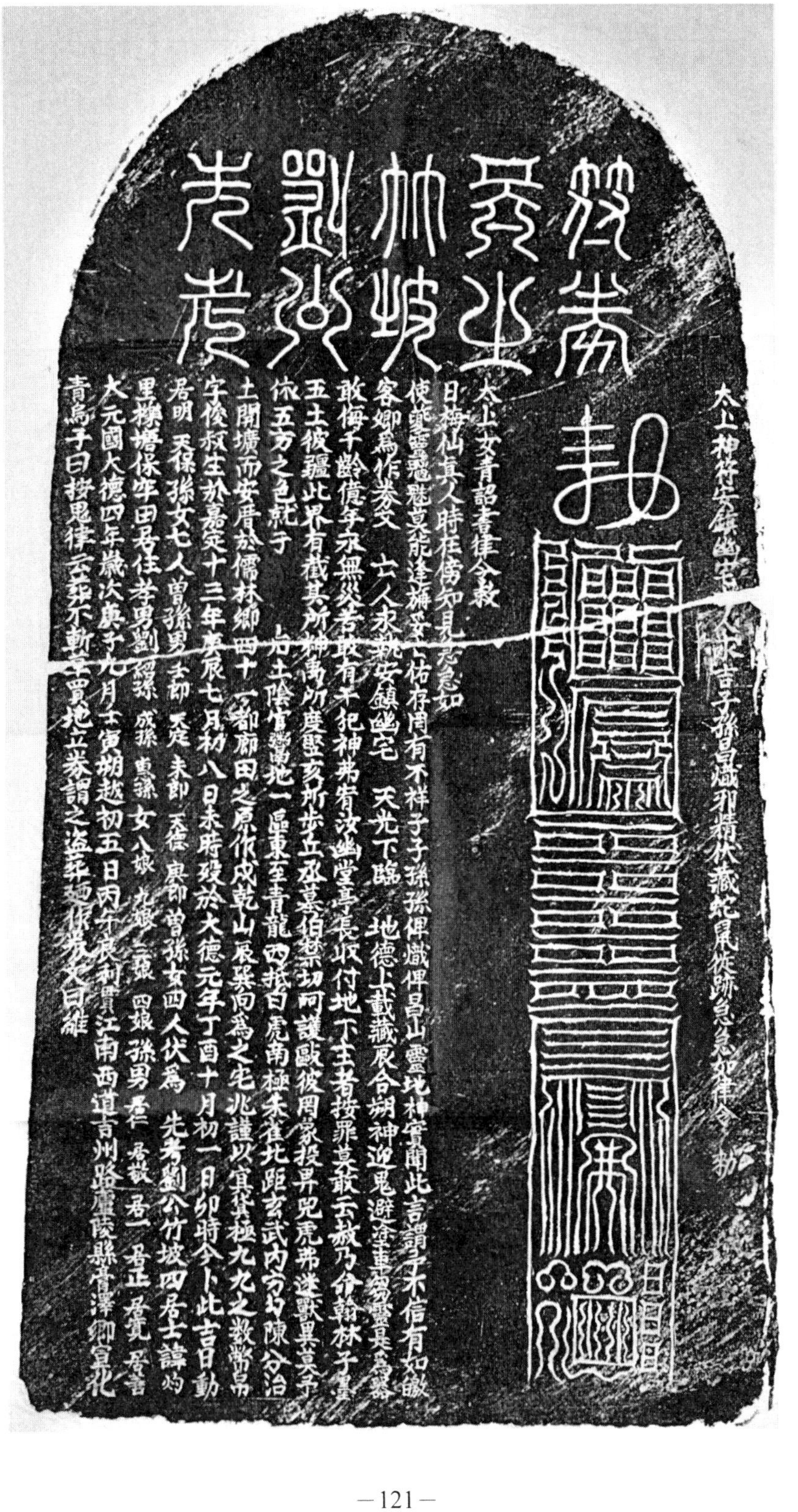
太上神符安鎮幽宅
永吉子孫昌熾邪精伏藏蛇鼠潛跡急急如律令　勑
太上女青詔書律令敕
日梅仙真人時在傍知見急如
使魍魎魑魅莫能逢擁登亡佑存周有不祥子孫孫俾熾俾昌山靈地神實聞此言謂予不信有如皦
客卿爲作券文　亡人永執安鎮幽宅　天光下臨　地德上載藏辰合朔神迎鬼避塗車芻靈是爲器
敢侮千齡億年永無災害敢有干犯神弗肯汝幽堂亭長收付地下主者按罪莫赦云敕乃命翰林子墨
五土彼疆此界有截其所神禹所度豎亥所步丘丞墓伯禁切呵護歐彼罔象投畀兕虎弗逢獸異莫予
依五方之色就于　后土陰官鬻地一區東至青龍西抵白虎南極朱雀北距玄武內方勾陳分治
土開壙而安厝於儒林鄉四十一都廊田之原作成乾山辰巽向爲之宅兆謹以宜貸極九九之數幣帛
字俊叔生於嘉定十三年庚辰七月初八日未時歿於大德元年丁酉十月初一日卯時今卜此吉日動
居明　天祿　孫女七人曾孫男　壬郎　天定　來郎　天德　庚郎　曾孫女四人伏爲　先考劉公竹坡四居士諱灼
里楙塘保牢田居住孝男劉紹孫　成孫　貴孫　女　八娘　九娘　三娘　四娘　孫男　居仁　居敬　居一　居正　居覺　居晉
大元國大德四年歲次庚子九月壬寅朔越初五日丙午良利貫江南西道吉州路廬陵縣膏澤鄉宣化
青烏子曰按鬼律云葬不斬草買地立券謂之盜葬爰依券文曰雄

七十二、元張希陶墓誌　大德六年（1302）十二月一日

額正書三行：孺人／張氏／墓誌

孺人張氏墓誌／

孺人張氏諱希陶，世居金谿之崇陂。曾祖如陵，祖維，父才叔，母饒氏。孺人／生長儒家，動循禮法。歲在戊寅，歸于我。睦以待宗姻，勤以綜家務，恩以郵／鄰里。予兒女三人，皆前室喻所出。是時，昏嫁俱已畢，而孺人撫子孫甚慈。／人無間言，惟恨不逮事舅姑。歲時祭祀必加謹。予晚歲甚以得助為喜。乃／大德庚子之六月，孺人不疾而亡。人謂其平生好善，故臨終無諸苦惱。然／骨肉滿前，曾不及一言以訣，可感已。又予行年才五十而哭妻者再，今孺／人又不得以偕老，益可感已。次兒繼室，張孺人之兄公甫女也，孺人自幼／撫之如己子。已而為婦，疊見二孫則益喜。乃孺人卒不數月，而婦亦亡，重／可感已。嗚呼！予年今垂八十矣，豈能堪此多難邪。孺人生於紹定庚寅之／九月，得年七十有一。卒之第三年十有二月庚申，葬于里之李家原。子男／二人：長思聖，卒於孺人未歸之先；次麒。女妙聰，適龔士祥。孫男：觀孫、觀弟。／女：德妃、淑善。婿則何能廣、周進可也。葬前七日，夫洪文秀誌。／

前太學進士王厚伯題盖。

孺人張氏墓誌

孺人張氏墓誌

孺人張氏諱希陶世居金谿之崇陂曾祖如陵祖維父才叔母饒氏孺人生長儒家動循禮法歲在戊寅歸于我睦以待宗姻勤以綜家務恩以卹鄰里平兒女三人皆前室喻所出是時昏嫁俱已畢而孺人撫子孫甚慈人無間言惟恨不逮事舅姑歲時祭祀必加謹予晚歲甚以得助爲喜乃大德庚子之六月孺人不疾而亡人謂其平生好善故臨終無諸苦惱然骨肉淪前曾不及一言以訣可感已又予行年才五十而哭妻者再今孺人又不得以偕老益可感已次兒繼室張孺人之兄公甫女也孺人自幼撫之如己子已而爲婦疊見二孫則益喜乃孺人卒不數月而婦亦亡重可感已嗚呼予年今垂八十矣豈能堪此多難邪孺人生於紹定庚寅之九月得年七十有一卒之第三年十有二月庚申葬于里之李家原子男二人長思聖卒於孺人未歸之先次麒女妙聰適龔士祥孫男觀孫觀舉女德妃淑善婿則何能廣周進可也葬前七日夫洪文秀誌

前太學進士王　厚伯　題盖

七十三、元曹世良墓誌　大德九年（1305）八月二十二日

大元故曹君墓誌銘／

安西王府文學洛陽薛延年譔并書丹篆蓋。／

送死，大事也；銘誌，又其大者也。銘之誌墓，庶高岸為谷，幽堂啓扃，情／當掩者有所歸，認斯曹君之墓也。君諱世良，字嘉甫，為石州寧鄉／縣人。／聖元開刱，父佐北京田侯立陝西，徙居京兆，因占籍焉。高祖贍，曽祖／志，隱德不耀。祖慶，金河東千夫長。父儁，京兆路鎮撫軍民都彈壓，有／忠略，遠近敬畏。配杜氏。二子：長諱世昌；次即君。君性質沈厚，幼失所／怙，兄持厥家。君與之居，恩義接際，雖磬禮終日，無憚□□□□□夙／承家緒。□嫂若母，撫猶子如己出。治生造丹圭之室，箕裘日熾□□／千戶侯，而無□□□□□□不矍矍於進□，擅擅乎日以罇酒□□，／以為終焉之計。大德乙巳夏六月初十日，寖疾不起，春秋六十□□。／嗚呼！曹氏積善，世而至於君。君又不嗇施予，窮揑不行者，周而達□。／貧喪無歸者，地以瘞之。良臧獲百餘趾，一不責以酬。丁內艱，哀毀踰／制，皆本天性，非人發縱指示而然。噫！若加之以學，厥行又奚止此而／已也。先娶常氏，再娶梅氏，胥有壼儀婦德。子男二人：長曰知止，陝西／行省知印，為人雅厚謙和；次曰知善，克家肖父。女二人：長適襄陽縣／尹王良弼；次未笄，許適大傅耶律公孫安壽。俱梅氏出。男孫二，女孫／一，俱幼。以其年八月廿二日卜葬于咸寧縣洪固鄉廟坡里芙蓉原／之先塋，禮也。知止曁族兄構衰絰賫狀來泣曰：「先君所履之跡，具託／譔銘辭，誌諸墓石，以傳無窮，以慰罔極，幸毋拒焉。」余與構同里閈，義／可受。依狀敘而銘焉，銘曰：／

子弗肯構，厥父徒菑。君考有後，子弗棄基。孝展罔極，／敬抒塤篪。虬驟蔑志，蠖屈日嬉。积而能散，哀悯□□。／屋潤子顯，天道有知。芙蓉之原，曲□之西。佳□□□，／松楸凄凄。貞珉有誌，□兮永棲。

七十四、元董次常壙記 大德十年（1306）五月二十七日

額篆書四行：提點／存畊／董公／壙記

先師董姓，諱次常，字能久，號存畊。世居饒之餘干，宋侍御史温其十一世孫也。父塤識其非／塵埃中人，遂令寄迹老子法中。師叔高間梯其入龍虎山上清道院，慕西牕詹公慈／祥善誘人，故從公學。自幼教育以至于成，公之力也。至元辛巳，牒度為道士。玄門遴其才而／俾以武岡幕職，継除南康，又陞崇正明遠凝妙法師，黄州路道判，不就。自是安分山林，以枰／碁杯酒自適。奉長敬，撫下和，潤色先業惟多。戊戌回禄，率諸徒協力攻苦，一新房寮，樓閣崢／嶸，子孫蕃衍，亦可謂有光於前矣。大德乙巳春，偶感痰疾，藥交進而卒不起。凢養生送死之／事，歷歷指盈，纖悉不遺，可謂明矣。丙午三月二十九日，教所授以處州路仙都山玉虚宮提／點之職，檄下而公疾病，但能瞠目舉手拜命而已。於是而歿，嗚呼痛哉！生於景定甲子十一／月十四日，歿於丙午三月二十九日。是年五月二十七日瘞劒于後原飯墩，其山坐甲向庚，／遵治命也。曾師祖可堂吳公與時，師祖友山毛公崇壽，師竹圃陸公有開，徒李唐英，徒孫程／君静、戴克勤、李用沖、江至海、李仁正、孔履信、周維厚、何一清、王祖喬、上官天和。其戴克勤先／公卒。唐英不能求銘於當世大手筆，姑紀歲月，納諸壙云。孝徒弟李唐英拜書。／

眷守常凝妙壽寧法師蔣應奇塡諱。

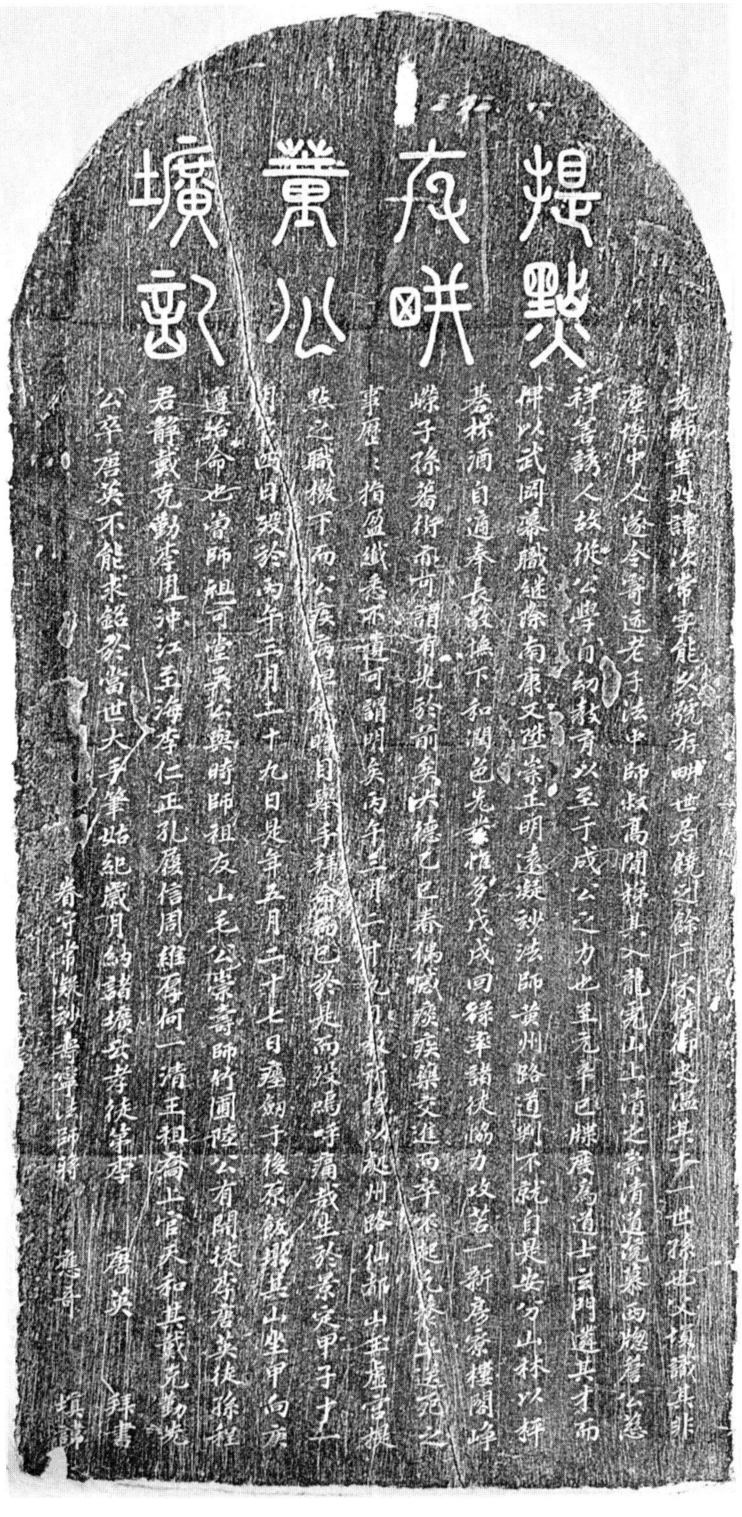

七十五、元張三復壙記 大德十年（1306）八月

額篆書三行：隱君／張公／壙記

故張公先生諱三復，字應辰，居隱清江。□才許方，務學崇／儒，知進識退。桑榆晚景，積蓄歲豐，光顯前人，可謂盛矣。娶／湖莊熊氏，生男景淵。長而氏亡，續永鎮王氏，婦白坑留侯／氏。女孫一娘，母章氏。昔公頻告予曰：「老夫耄，子二毛，蘭不茁／代，乏以庭桎。可分根與我繼後，免為若敖。」公言往復再三，／勤篤不敢拒命，以大來立公孫，為景淵嗣。紹宗祧尸，教訓婚／娶，荷公一力。曾孫晋孫，公仙遊後産。公生宋淳祐壬寅七月／二十二日丑時，不幸，／大元大德乙巳六月十八日以微恙終正寢。停柩堂，越□／朞，茲陰陽協吉，卜宅兆于本里登場熊氏墳左。坐庚向甲，／秀水佳山。涓二十二日庚申，孤哀子景淵謹擗踴扶柩安／厝于玆。予忝眷末，敢摭公實，誌諸壙焉，以為公後人記。／

大德十年丙午八月日，眷末強其拜書。

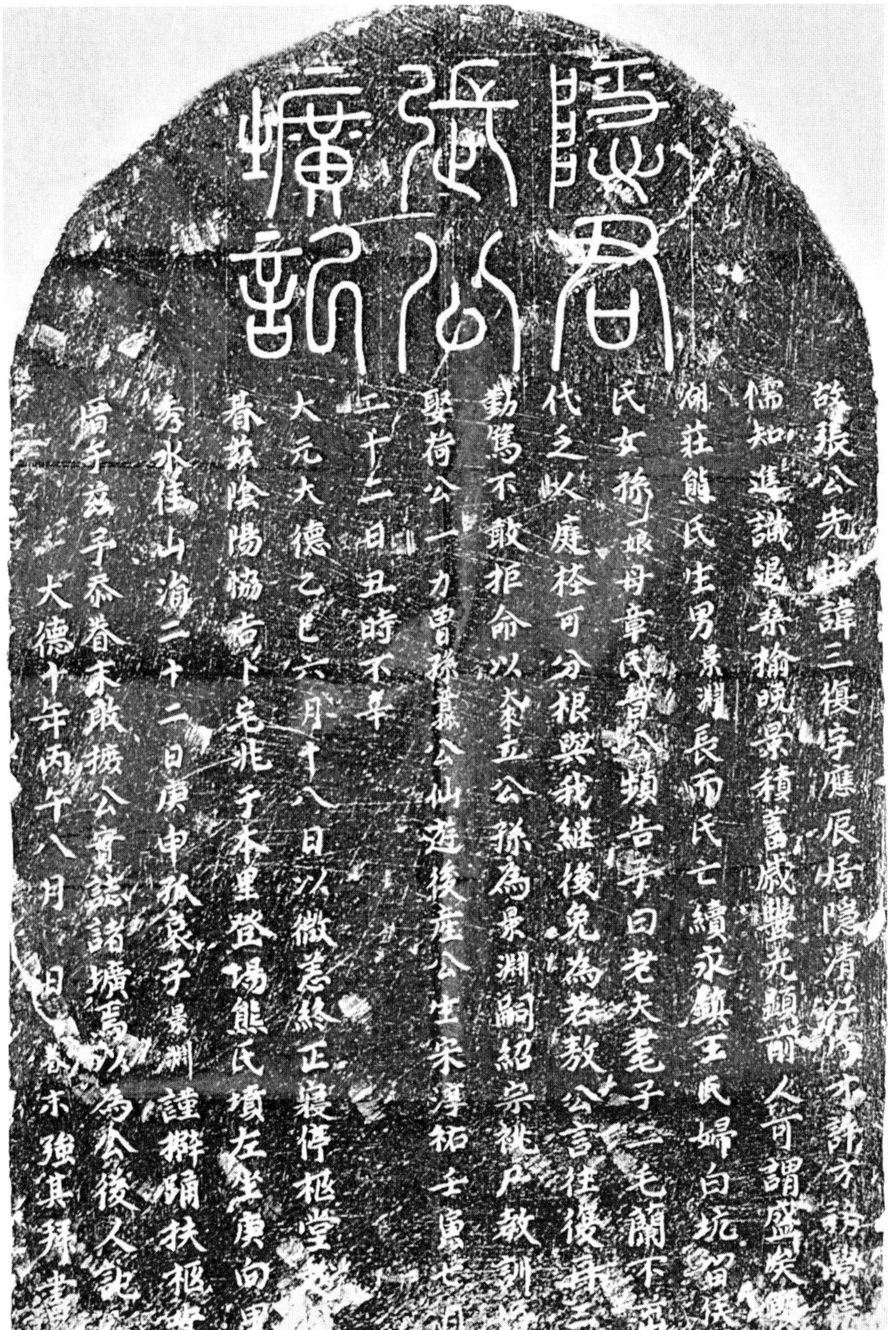
隱君張公壙記
故張公先生諱三復字應辰居隱清江才許方坊學
儒知進識退桑榆晚景積蓄歲豐光顯前人可謂盛矣
娶莊熊氏生男景淵長而氏亡續永鎮王氏婦白坑留
氏女孫一娘母章氏嘗公頻告予曰老夫耄子二毛蘭不
代之以庭桂可分根與我繼後免為老教公言往後孫三
勤篤不敢拒命以大象五公孫為景淵嗣紹宗祧尸教訓
娶荷公一力曾孫叢蒸公仙逝後產公生宋淳祐壬寅七月
二十二日丑時不幸
大元大德乙巳六月十八日以微恙終正寢停柩堂
春蘇陰陽協吉卜宅兆于本里登場熊氏墳左坐庚向甲
秀水佳山崙二十二日庚申孤哀子景淵謹擗踊扶柩安
塴于茲予忝眷末敢撰公實誌諸壙焉以為公後人記
大德十年丙午八月　日眷末強其拜書

七十六、元娄應瑞壙記 至大二年（1309）二月二日

□□□記／

□應瑞，字子祥，先代居臨川新豐鄉游城，本姓黃。曾大父銘，大公成忠，父春祥。公／兄弟三人：长應祥；幻應德；公其中子也。幻年失怙，母何氏再適宜川待賢鄉八都娄／氏家公。兄弟俱隨母歸娄，受續父拊养教訓之恩不淺，遂継娄為嗣。續曾大父必成，／續大父宗顕，續父日新，俱潛德弗耀。公实生拎宋淳祐甲辰十一月，禀性刚直而身／勤儉，與人和易，李農圃而身親之。與妣何氏同甘苦，艱難創業。中遭更革之变，遂托／芘拎權要之門，而為筦庫之士，家道因之以昌。不幸，先妣早逝，不肖孤子雲、子申俱／幻，無所依恃。再娶續母胥氏，撫孤兄弟少長，延師教以詩礼，使孤等稍知義方大德。／丙子春，公志欲投閒，分析家業與孤兄弟。逮戊申冬杪，孤子雲造小庐拎祖居之傍，／正期朝夕奉菽水，歡拎堂上。志未克遂，而公竟為風疾所中，瘖嘿不能言，几半月而／逝，弃我諸孤。瞑目之後，雖男婚女嫁之事皆了，第母年老，九十在堂，不得終养，以尽／子道，想抱恨拎泉下，亦深矣。嗚呼痛哉！公初娶何氏，子男二人：長子雲，娶陳氏；次子／申，娶程氏。女三：長適艾明；次納黃伯茂為贅壻；幻適謝元徳，早喪，再適梅鼎。長子位／孫男二：福孫、龍孫。孫女二：实姑、辰姑。次位孫女二：黄姑、巧姑。公以元至大己酉正月／初十日終于正寝，享年六十有五。今得吉卜拎同鄉七都王頓之東塘，其地坐艮向／坤，將奉柩歸窆焉。未能求當世大手筆以銘，惟書梗槩，納諸幽，紀歲月。至大二年歲／□□己酉丁夘月乙夘朔越二日丙辰，孤子子雲、子申泣血百拜立。鄉末張槐填諱。

七十七、元劉妙正墓誌 至大二年（1309）十二月二十四日

額正書三行：劉氏／孺人／墓誌

亡室孺人劉氏諱妙正，家世撫臨川望族。其先中興立功，輝映／史冊。五六十載間，黃耆之泒猶有蒙其遺澤者。曾祖伯高、祖一／薦，故登仕郎。父龍榮，字子雲，母吳氏。避鄉不靜，徙安仁下坪，從／姻家居焉。孺人至元庚辰十一月廿一戌時生，先君靜山先生／与吳石坪交久，以帰于我，為琯溪義門陳氏婦。孝敬雍睦，人無／間言。宜必膺福与壽，而天与人違，享年甫二十有九，而中道奄／歿，時至大戊申二月十二日也。男一英孫，女一仁妹，皆幼。傷念／日月有時，越一歲，己酉十二月二十有四日癸酉，窆于同里朱／师塘。坐夘向酉，所期以裕後者。山秀於上，水環于下，去家跬步，／其妥靈焉。孝夫陳囦謹書死生大槩，以垂拎後。

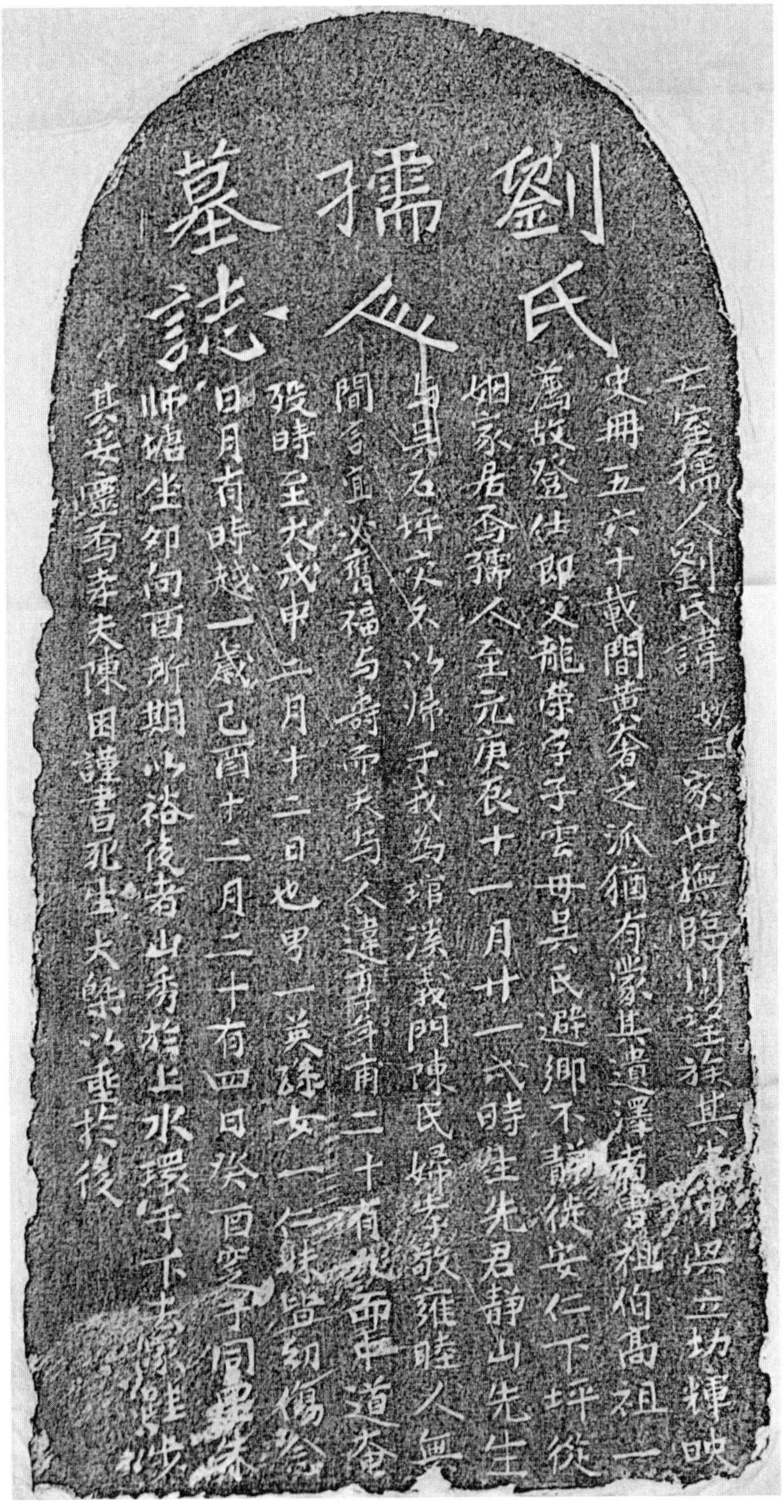
劉氏孺人墓誌
亡室孺人劉氏諱妙正家世撫臨川望族其先興立功輝映
史冊五六十載間黄省之派猶有蒙其遺澤者曾祖伯高祖一
薦故登仕郎文龍崇字子雲母吳氏避鄉不靜徙安仁下坪從
姻家居焉孺人至元庚辰十一月廿一戌時生先君靜山先生
與其石坪交不以歸于我為珊溪義門陳氏婦孝敬雍睦人無
間言宜以膺福與壽而夭焉人違年身甫二十有九而中道奄
殁時至大戊申二月十二日也男一英孫女一仁妹皆幼傷哉
日月有時越一歲己酉十二月二十有四日癸酉葬于同里
師塘坐卯向酉所期以裕後者山秀於上水環乎下去家雖步
其妥靈焉孝夫陳因謹書死生大槩以垂於後

七十八、元刘翁像 至大四年（1311）八月二十九日

額正書：刘宅

先祖翁翁之位，／大元國至大四年八月二十九日安置。

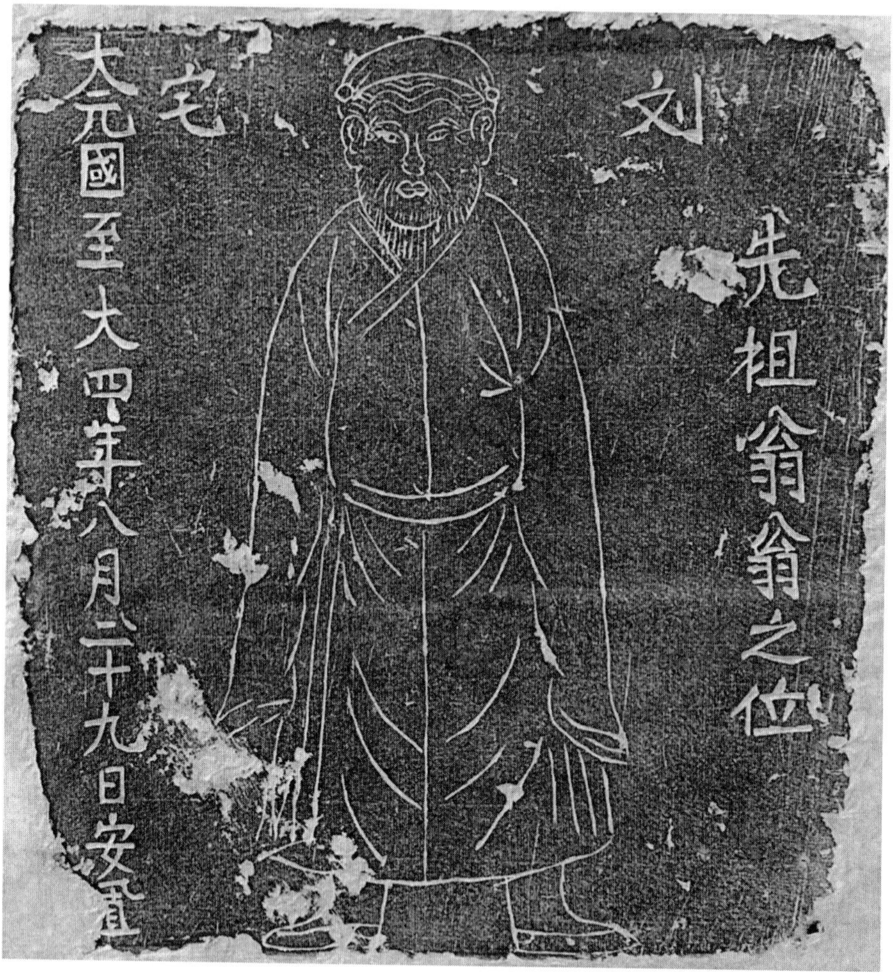
刘
宅
先祖翁翁之位
大元國至大四年八月二十九日安置

七十九、元艾氏葬誌　延祐二年（1315）十一月十六日

額正書二行：艾氏／葬誌

先妣艾氏孺人世居臨川，父澄，来／贅于饒之習大章氏。孺人以生長，／帰配于先君方玉，遂家于源頭。子男一，娶胡氏。女二：長適同里鄒，早／逝；次適朱氏。孫男一，葵孫。孫女三：長／適艾；次幼。孺人生於宋乙巳年五／月，卒於大元乙夘二月初三，享年七／十。於是年十一月庚申，奉柩葬于／龍坫，坐寅向申，去家半里。大元／延祐乙夘十一月十六，男武仲拜書。

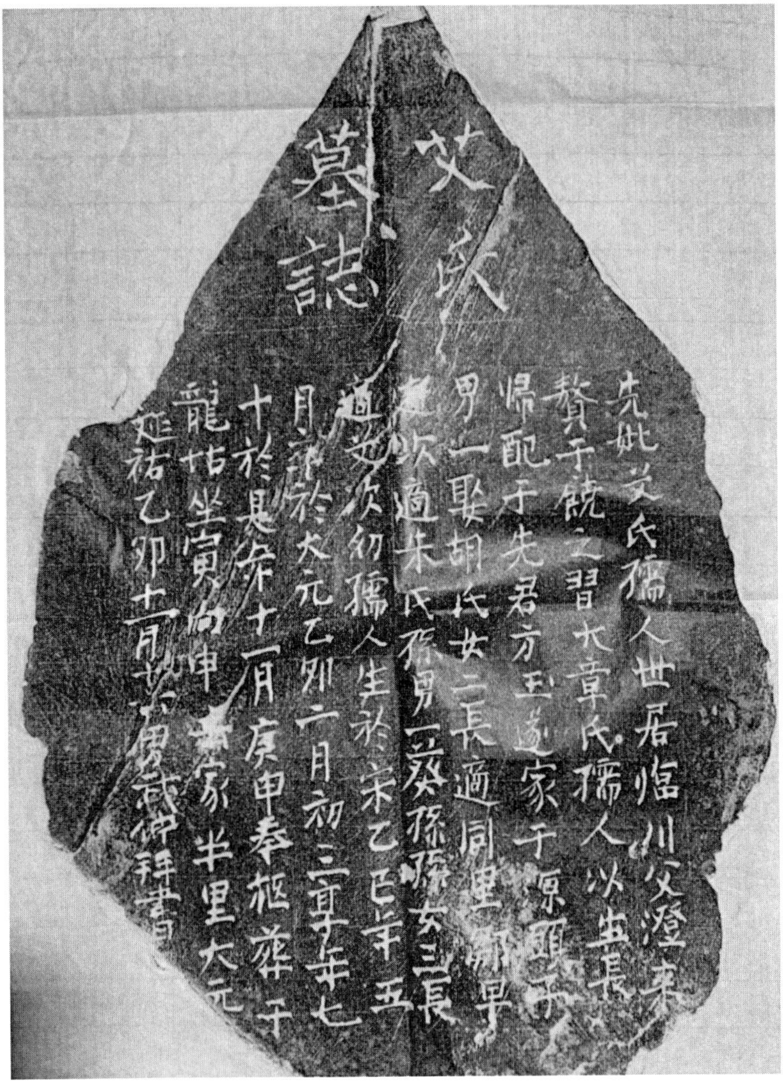

八十、元張汝材壙記　延祐六年（1319）九月三日

額篆書四行：張公／平玉／居士／壙記

昔徽之哭其弟曰人琴俱亡而頓絕，其酷毒慘怛，孰有過／于此者。嗚呼！人不徽之耳，情烏可已哉！弟諱汝材，字平玉。／曾祖昕，祖杞，父誠立，母余氏。弟生而倜儻瑰偉，未羈冠失怙。兄／弟同堂，藹如也。已而荊花初析，恭友之情雖離，而合事所／生所養均孝視，若中若表。一家待鄉里重厚周謹，示僮僕／以寬。逢知己則花菓杯盤，燕笑終日。排遣剔撥，不以世事／勞其形。臨義利，决成敗，毅不可撓。暇日，與優婆塞相徃來，／頗盡敬戒。於己未暮春十五日，忽染微疾，醫藥弗灵，奄然／而逝。嗚呼痛哉！尚忍言之。娶邑趙氏，夢未叶熊。愚謂宗祧／不可乏嗣，遂以堂弟獨清次子禹立繼其後，姻族咸稱其／當。弟生於庚子年七月初三日，卒於己未三月十五日。將／以是年九月初三日奉柩葬于里官莊，其地乃辛戌山，行／龍坐未向丑，水歸巳丙長流。嗚呼！死生事大矣。以弟之夭／年，食不滿其德。方勉力自奮，而未能大塞所期。痛哉！不能／乞銘於當世大手筆，兄汝崇謹摭其大槩而納諸壙云。

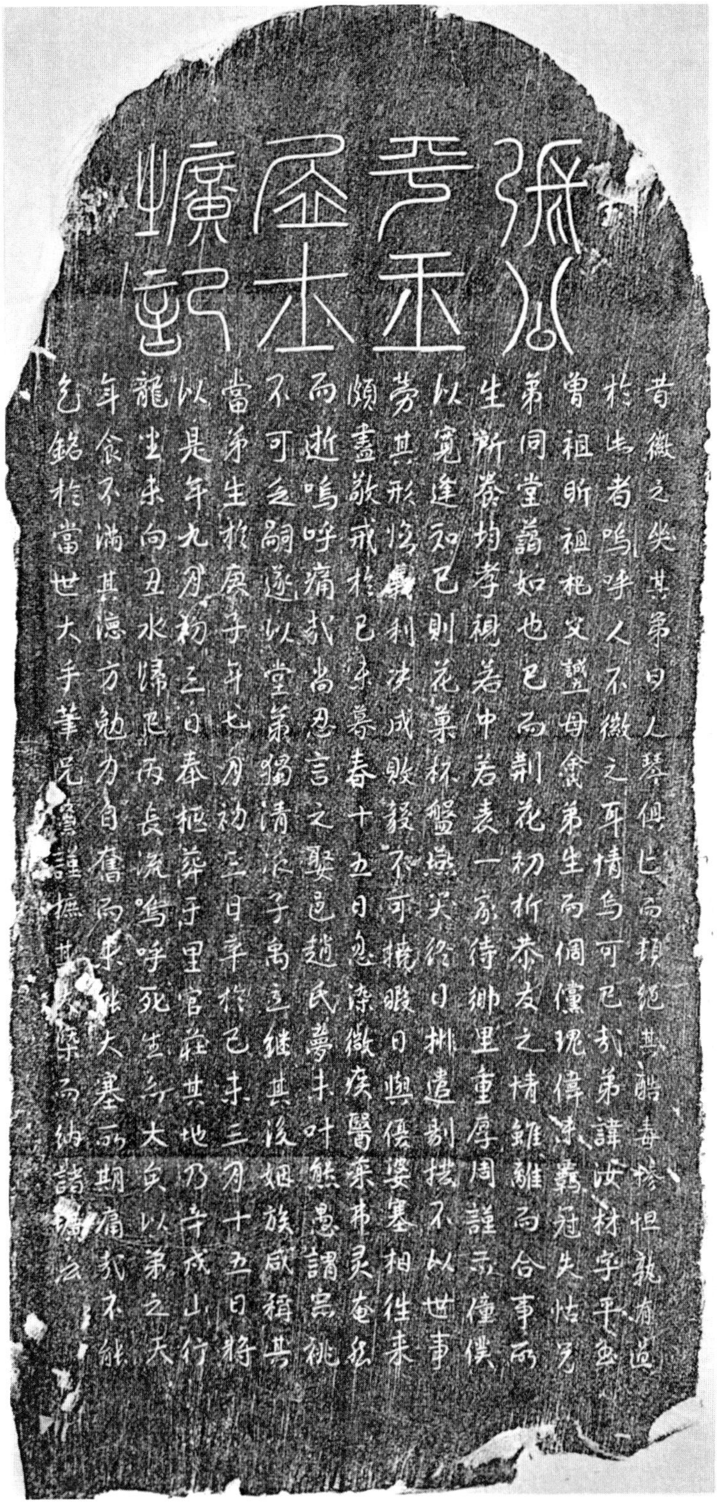

八十一、元覺山寺普濟大師塔銘　至治元年（1321）六月十二日

大□□□□□寺住……

公諱法□□□□□□□□□□□□□□□□□□□□□□/丈夫□□□□□□□□□□□□□□□□□□□□□□□/將命□□□□□□□□□□□□□□□□□□□□□□且□□□□□□□□□□□□□□□□□□□□□□□/人之□□□□□□□□□□□□□□□□□□□□□□□□/眾所推□□□□□□□□□□□□□□□□□□□□□/與京師之□□□□□□□□□□□□□□□□□□□□/世祖廣寒殿聚諸□□□□□□□□□□□□□□□□□□/稱善迺立年有四時□□□□□□□□□□□□□□□□邦。惟茲寺基於元魏，迄遼金□□□□□□□□□□□□/元歲月以千隆替，经幾□□□□□□□□□□□□□□/以寺弊為傷，翕然請代先師之位。□□□□□□□□□□/况杖者命成己之責，忍□之□，遂即住持。勠力□□□□□/建立為務，積功蕩弊為實。六師之殿設增新，淨光之佛塔/尤美。間以慈氏樓以巨□，祖堂、庖廩間比以三，丈室雲居楹北/以七。壯林泉之致，為幽棲之勝槩。至者為之改觀。□寺城南/之宝與，西之大覺，□為權有。公□及恒產，古記方至甚/廣，歷時尤久，半隸編民。公極力申理，寺仍舊貫，地□復萬/餘畝。凡□具孳什，舉無遺便。豈有所謂為獵之子，炙手之/權，肆非□□□□横以挽公之行乎！至元二十二年，功德主榮/禄大夫、平章政事、御史中丞、領事儀司事崔公嘉，乃□行，奉/旨賜扶宗弘教大師。元貞二年，又奉/旨勑寺額名大宝光普照，及加賜公普濟之号。詩云：出自幽谷，/遷于喬木。斯之謂歟！公度弟子五十有餘，傳法者僅半。日以菩/薩戒、藥師、金剛為□□□□□□罷與餘，三十餘年，顛沛□□/□□如一。雖致之以榮□之地，□禄之階，不屑就也。大德十一年三月/十四日以疾而終，壽六十有二，為僧五十九年矣。十八日，光彩拂/空，緇素道□□□□□者千餘人，火後奉舍利於祖塋而塔/焉。□□□□寺不□□□□記。予以公之徒珂，久學於門，聊序/其為人之大節，而文莫能□。□山□峯記。/

至治元年六月十二日，覺山寺住持講主演璵、講主演珂□立石。/

門資：/都綱演璞、提點演□、□□□、講主演瑛、副寺演璨、/都□演□、演璉、□□、□□、演珪、演□、演□。/

得法門人：/講主□□、講主行餘、講主演瑞、講主演學、講主演□……/

法姪：寺主□□、講主演□、副寺演稔、演利、演□、演資、演□……/
法孫：洪廣、洪善、洪□、洪鑑、洪初、洪住……/
古并冀寧路……/
前靈丘縣稅务……/
五臺山大萬聖佑國寺……/

八十二、元徐時可壙記 至治二年（1322）十一月九日

額正書五行：先考／徐公／英四／宣義／壙記

先考諱時可，字君可，居撫臨川長壽嶺□。曾大父新，／大父旻，父景文，母吴氏，一兄三妹。生宋寶祐癸丑十／一月初五日。先考賦性梗直，遇事無隱。人有過而即／直諫，已有過不廢人言。惟扵古故不平處，力辯至朋／而後已，其內方也如。事族長極恭，侍子姪極和，与鄰／曲談笑道桒麻意極古，里有紛爭為之解散不憚煩，／其外圓也如此。中年，先祖以疾廢。先考同兄盡力扶／携醫藥，至沒三四年間而衣不解帶。後奉偏親八十／餘，菽水盡歡。不幸，庚申冬親逝，自此感傷得疾。越一／歲，至治壬戌二月二十六日，竟以疾終，嗚呼痛哉！先／考妃李氏。男三人：長友誠，娶吴；次已卒；幼難弟，娶吴。／女五：適傅；適黃；適張；適傳；第五許適傅。孫男一，道孫。／孫女七。卜是年至治二年十一月壬寅日，忍死奉柩葬／于里之周家石，坐己向亥。窀穸事逼，姑述大槩，以納諸／壙云。／

孤哀子徐友誠同弟泣血敬書。

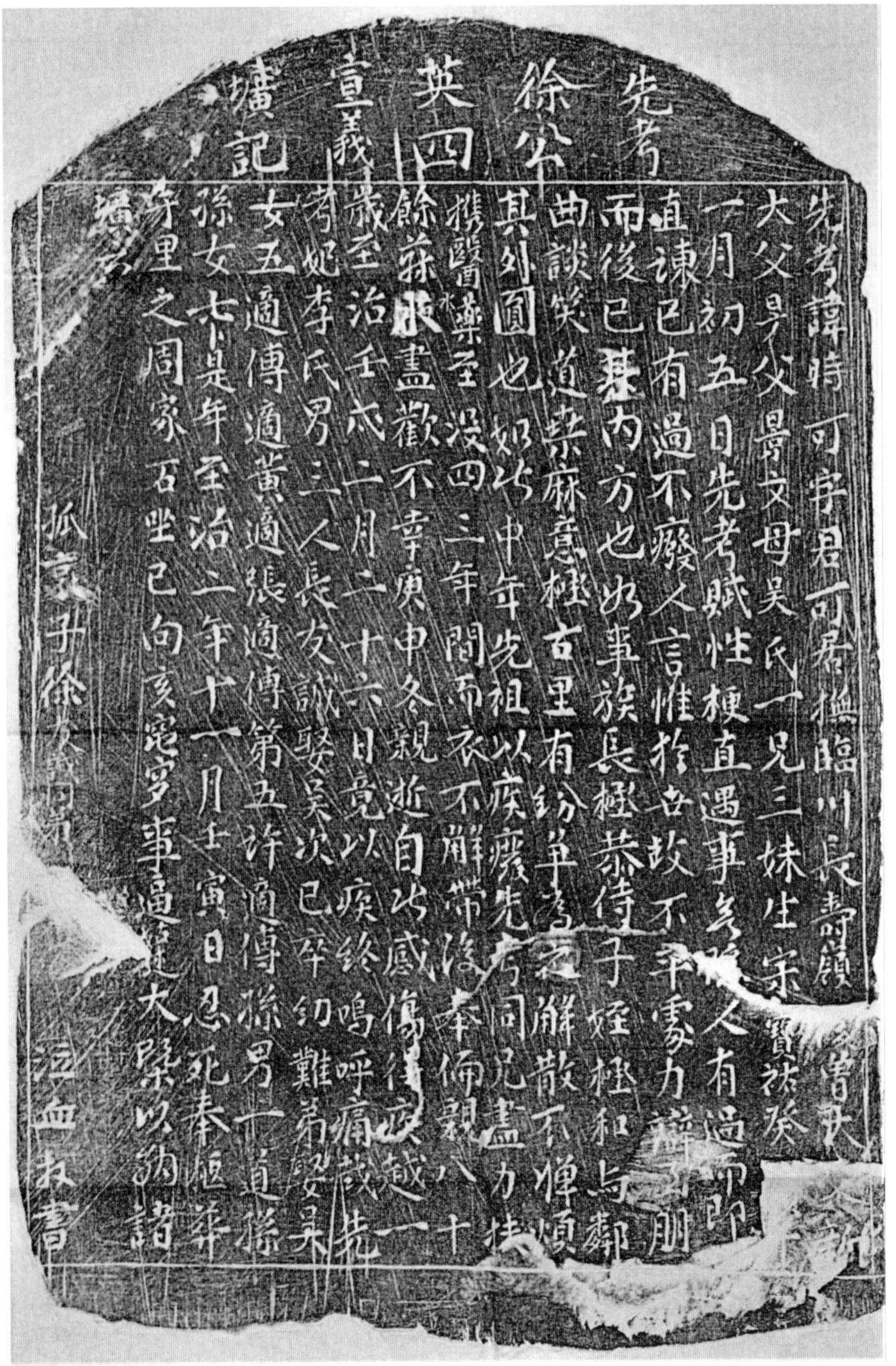
先考
徐公
英四
宣義
壙記

八十三、元吳文彬壙記 至治二年（1322）十一月二十七日

額篆書三行：先考／吳公／壙記

至治壬戌七月二十有三日，先父以疾終。孤子汝悌是年冬卜兆得吉，于今寓居／傍先妣塋左，以十一月庚申奉厝葬。宜有名筆銘，而不肖孤未能經營，以慰泉壤，／先記大槩，刻于石。吾宗吳氏一派居金谿郭仙，世以文學顯。高祖尚志居士有子／三人：曾祖東山先生居長；次雲谷先生，仕止池州僉判；季諱夢錫。各有著述，為世／標準。東山三子，先祖其季，諱一鶚，字翔甫，妣張氏。先父又先祖中子，諱文彬，字君／仲，生淳祐丙午十月八日。少孤，昆弟三人，長兄早世。弟文舉從黃冠師，至元丙子／侍大宗師真人隨朝承應，歸龍虎山先化。先父蚤歷艱難，於世故最號練達，中／年迁名揚里。先妣洪，先十六年卒。汝悌兄弟終鮮，父子相依為命。公能樂天守分，／和光同塵怡然。老境屢空，不以介意。於孫孝生恩愛備至，僅見成丁。而公竟以小／疾長往，得年七十有七。終天永訣，言不能文。山川鬼神，尚克相之。汝悌泣血拜書。

至治壬戌七月二十有三日先父以疾終孤子汝悌是年冬卜兆得吉于余寓居
傍先妣塋左以十一月庚申奉柩葬宜有名筆銘而不肖孤未能經營以慰泉壤
先記大槩刻于石吾宗吳氏一派居金谿邪仙世以文學顯高祖尚志居士有子
三人曾祖東山先生居長次雲谷先生仕止池州僉判季諱夢錫各有著述為世
標準東山三子先祖其季諱一鶚字翱甫妣張氏先父又先祖中子諱文彬字君
仲生淳祐丙午十月八日少孤昆弟三人長兄早世弟文舉從黃冠師至元丙子
侍大宗師真人隨 朝承應歸龍虎山先化先父奔歷艱難於世故長既練達中
年迹名揚里先妣洪先十六年卒汝悌兄弟終鮮父子相依為命公能樂天守分
和光同塵怡然老境屢空不以介意於孫孝生恩愛備至僅見成丁而公竟以小
疾長往得年七十有七終天永訣言不能文山川鬼神尚克相之汝悌泣血拜書

八十四、元黃氏壙記　泰定元年(1324)九月

額正書三行：先妣/黃氏/壙記

先妣黃氏，同里桂田人也。早年帰吾父，素性温/柔，处家勤儉，且耕且織。晚景優游，得夫結墓于/石厦原，同為百年之計。生宋壬子九月三十日/夘子。男三：勝，娶張；思明，娶余；子貴，娶黃。女一，適/莊。孫男五：士通，娶錢；受孫，娶莊；康孫，娶盧；趙孫，娶/閻；孫。孫女三：長適張；次適方。曾孫二。/

不幸扵甲子五月初八日，享年/七十二。九月葬于石下，其地坐艮向坤，永作佳/城，孤紀歲月而納諸壙云。孝男思明等謹書。

先妣
黃氏
壙記
先妣黃氏同里杜田人也早年歸吾父素生
來處家勤儉且耕且織晚景優游得夫結塋于
石廈原同爲百年之計生宋壬子九月三十日
卯子男三勝娶張思明娶余子貴娶黃女一適
莊孫男五士通娶錢學孫娶華康孫娶盧趙孫娶
閻孫孫女三長適張次適方曾孫二
不幸於甲子五月初八日享年
七十二九月葬于石下其地坐艮向坤永作佳
城孤紀歲月而納諸壙云 孝男思明等謹書

八十五、元程氏葬誌　至元十九年（1282）十一月十六日

亡妣程氏葬誌／

程氏邠州三水縣第一里人。金／丙寅泰和六年五月廿日生，笄／年適我先君。既歸張氏，事舅姑，／睦親族，治家，教諸婦，咸有法度。／男三人：翼、楫、昭。孫男十一人，孫女二人，曾孫女三人。至元十九／年十一月一日歿于安西府永／和坊之正寢，享年七十有七。遂／以是月十六日壬申，祔先君墓。／孤哀子張翼泣血謹誌。

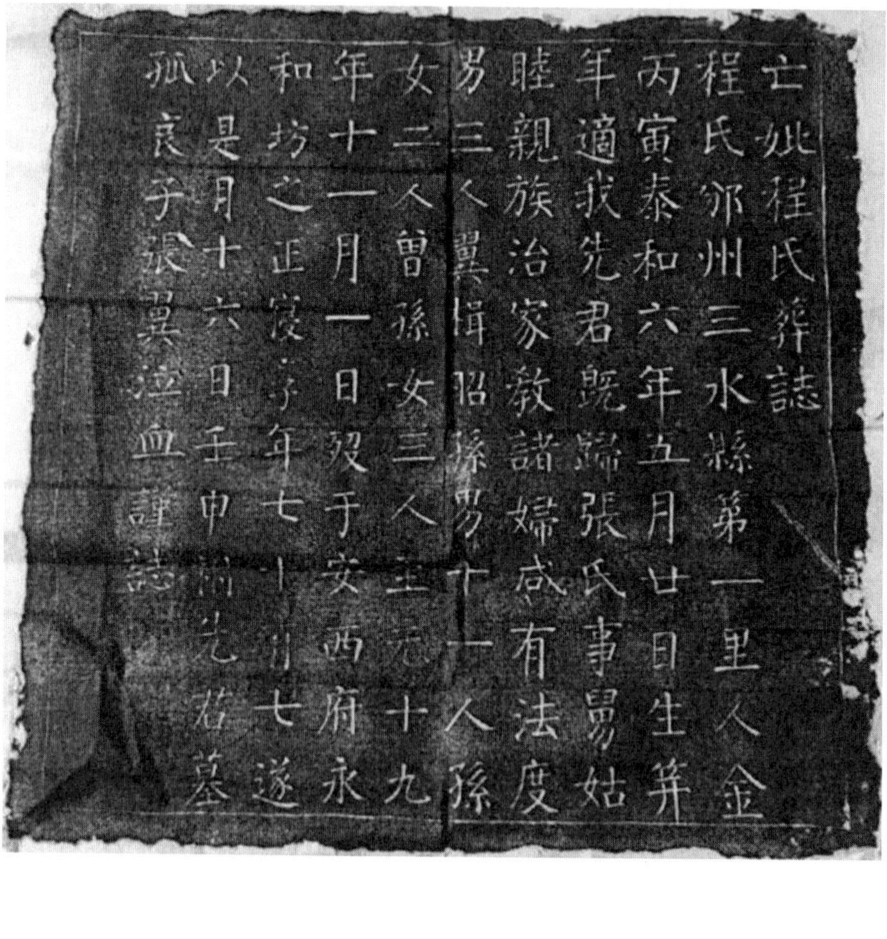

八十六、元張聖善壙記 泰定三年（1326）六月三十日

額正書三行：故張氏／和二孺／人壙記

孺人姓張氏，諱聖善，信州貴溪箬港張登仕家人也。父敬仲，諱有禮。母鄭氏。俱／已先逝。孺人生於大元至元癸巳歲正月二十八日辰時，皇慶壬子歲，適饒州／安仁縣榮禄鄉二十二都城山吳鑾，生男二人：長福奴；次禄弟。女二人：長引弟；次／囬姑。皆幼。孺人享年三十四歲，忽感傷寒之證，一疾數月，醫禱罔功。於丙寅／年五月二十七日，竟成長逝。遂卜地於本都南塘村土名大塘下，坤申行龍，坐／庚向甲。大塘子癸旺水朝蔭，去家不滿一二里。福我後人，亦不薄也。時泰定三／年丙寅六月三十壬寅日，年月通利。鑾領諸幼奉靈柩，安厝於此。聊書歲月為／記耳。

朞服夫吳和仲鑾領哀子福奴、禄弟泣血謹書。

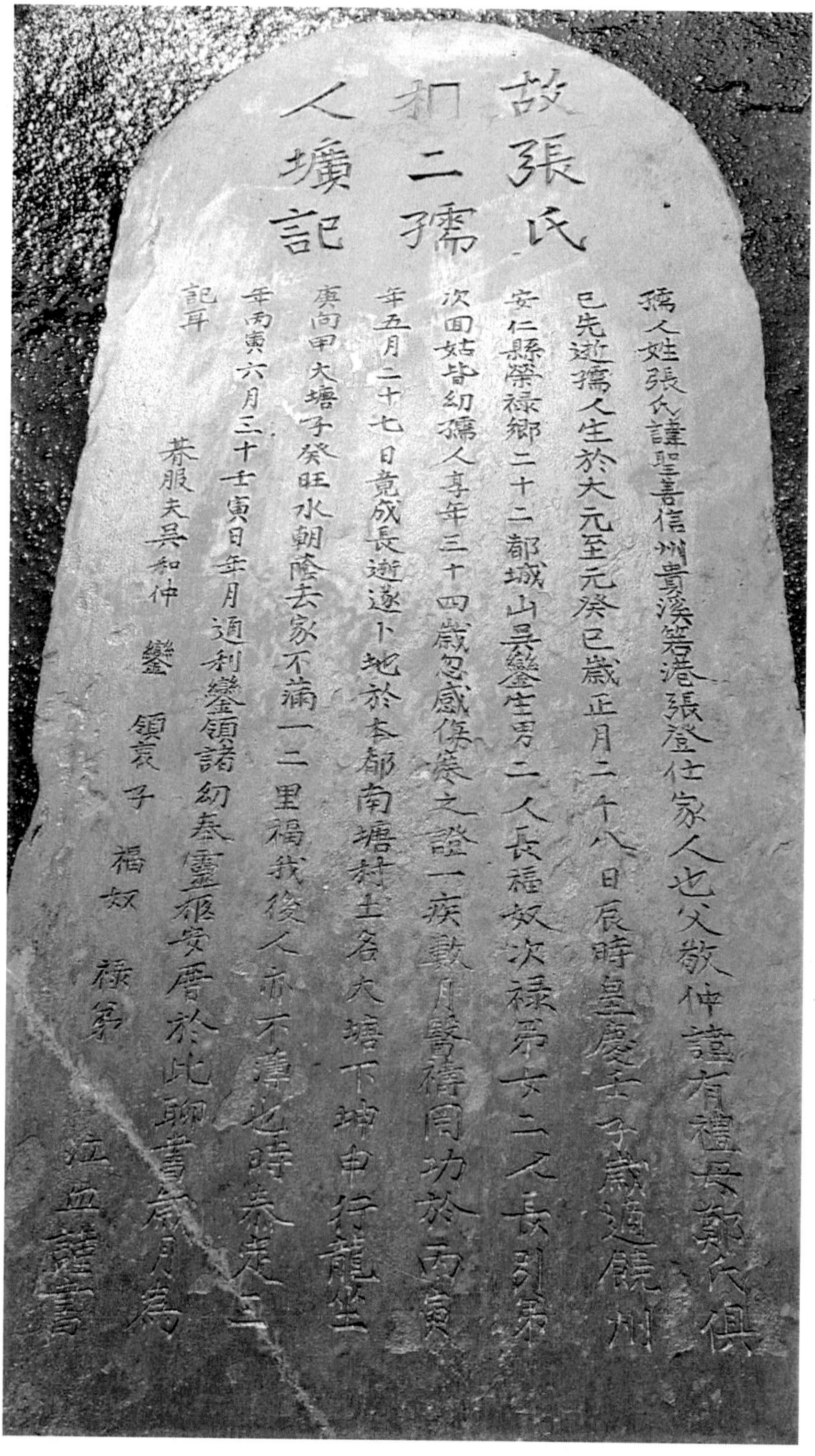

故張氏初二孺人壙記

孺人姓張氏諱聖善信州貴溪箬港張登仕家人也父敬仲諱有禮母鄭氏俱
已先逝孺人生於大元至元癸巳歲正月二十八日辰時皇慶壬子歲適饒州
安仁縣榮祿鄉二十二都城山吳鑾生男二人長福奴次祿第女二人長引弟
次回姑皆幼孺人享年三十四歲忽感傷寒之證一疾數月醫禱罔功於丙寅
年五月二十七日竟成長逝遂卜地於本都南塘村土名大塘下坤申行龍坐
庚向甲大塘子癸旺水朝蔭去家不滿一二里福我後人亦不辜也時泰定三
年丙寅六月三十壬寅日年月通利鑾領諸幼奉靈柩安厝於此聊書歲月爲
記耳
朞服夫吳和仲鑾　領哀子福奴　祿第　泣血謹書

八十七、元熊思恭壙志　至順元年（1330）十月十二日

額正書四行：熊公／勝甫／提領／壙志

先君姓熊氏，諱思恭，字勝甫，生宋咸淳辛未六月十四日亥／時。曾大父五七公，大父諱光，父諱文旺。𠮷居饒安仁北鄉之／熊家大塘。先君生而不羣，勤儉自律，家業日裕。交鄉隣以質，／御衆嚴而有法，訓諸子以毋惰。甞語應祥等曰：「吾家之興也，／勤儉而已。汝早興而作，夜寐以思，則先業庶乎其不墜矣。」／晚年患脚氣疾，至順元年夏病甚，七月初一日翛然而逝，／得壽六十歲。室艾氏。男四人：應祥、德翔、德茂、德良。婦萬氏、李／氏、黃氏、舒氏。女二人：長適陳彥真；次適吳應瑞。男孫八人：壽／孫、大苟、保孫、馬孫、季孫、細苟、隆孫、継奴。女孫四人：酉姊適吳／苟孫；志妹、春姊、細妹。應祥痛惟不能囬天永命，先君早弃不／孝之辜，當何如哉！謹以十月己未，忍死奉柩瘞于里之株樹／原離山，行龍坐乙向辛，從吉兆也。應祥不能乞銘於當𠮷名／筆，姑述其略，以記歲月，納諸壙云。男德翔泣血拜書。

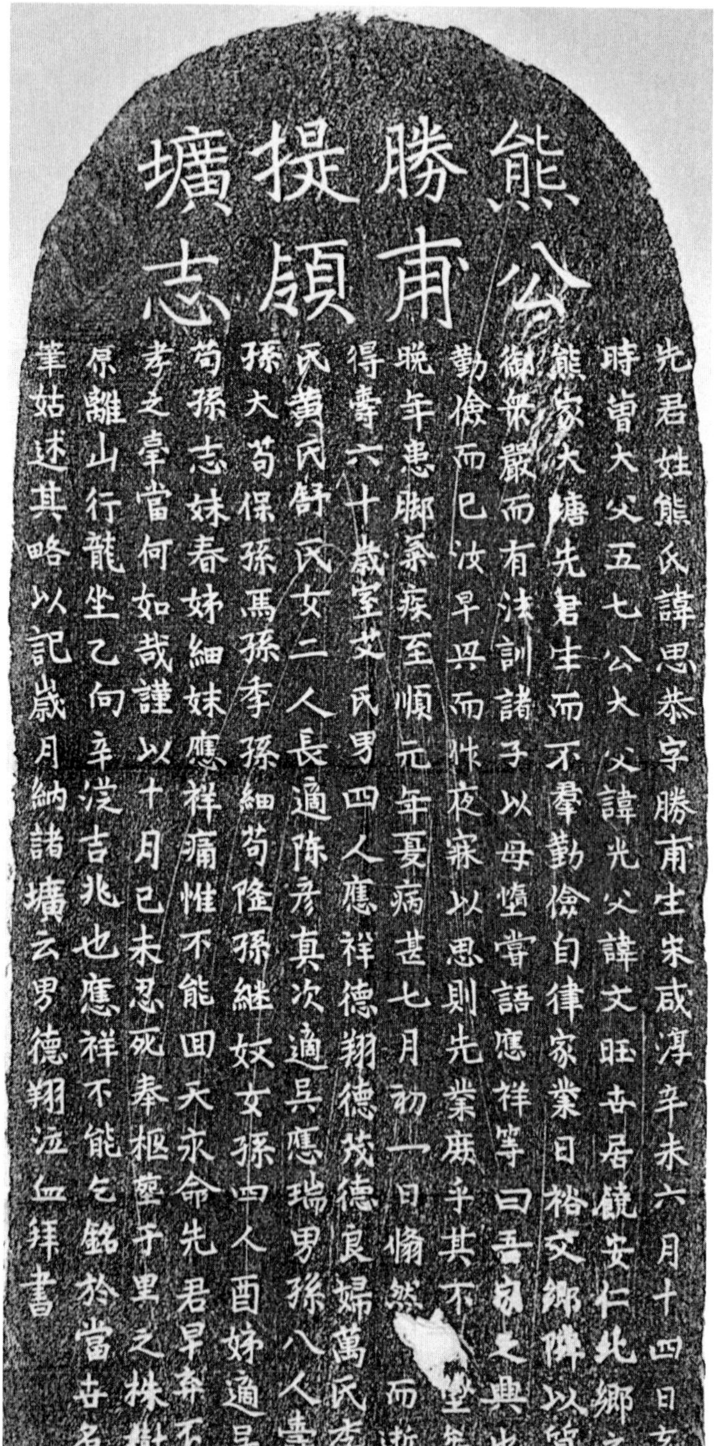

熊公勝甫提領壙志

先君姓熊氏諱思恭字勝甫生宋咸淳辛未六月十四日亥
時曾大父五七公大父諱光父諱文旺世居饒安仁北鄉之
熊家大塘先君生而不羣勤儉自律家業日裕交鄉隣以質
御衆嚴而有法訓諸子以母墮嘗語應祥等曰吾家之興也
勤儉而已汝早興而晚夜寐以思則先業庶乎其不墜矣
晚年患脚氣疾至順元年夏病甚七月初一日翛然而逝
得壽六十歲室艾氏男四人應祥德翔德茂德良婦萬氏李
氏黃氏舒氏女二人長適陳彥真次適吳應瑞男孫八人壽
孫大苟保孫馬孫季孫細苟隆孫繼奴女孫四人酉娣適吳
苟孫志妹春娣細妹應祥痛惟不能回天求命先君早棄不
孝之辜當何如哉謹以十月己未忍死奉柩瘞于里之株樹
原離山行龍坐乙向辛從吉兆也應祥不能乞銘於當世名
筆姑述其略以記歲月納諸壙云男德翔泣血拜書

八十八、元吳淑珍墓誌　至順三年（1332）十二月二十五日

額篆書四行：故吳／氏壹／六孺／人墓

孺人吳氏諱淑珍，撫州臨川人。至大乙酉歸于我，迨今二十有三／載矣。生平冨性寬厚，治家豊約，奉公姑以孝，臧獲以恩。事無大小，／皆位置有規矩。不幸中道而丧，奈何！而向平家事無一不劬厥躬，／而後知余失助之為深哀也。撫諸孤未及壯冨，育以辛勤，皆未畢／娶。其死也，实不滿此，鳴呼悲夫！孺人生拎至元三十一年甲午四／月十六日辰，正欲享遐齡之楽，倏沾末疾，竟不可療。一旦，断明之／訣，束手而矣。而今而後，誰與奉吾親撫吾孤者矣。痛哉！終拎至／順壬申正月初六寅，享年三十有八。有男四人：長陳鏜，娶讓里丘；／次男國孫，定西村艾；尹孫、熈孫尚幼。長瓊姑，配南塘饒；次瑛／姑，配宏路何。孫女一，珍姑。以是年十二月葬于同里刘家庄，其地／坐癸向丁，山水俱勝，僉曰吉哉！廼勒埋辞，永奠幽里。旣固且安，尚／相夫子。至順三年壬申十二月廿五日庚申，哀夫陳顗昭抆淚書。

八十九、元曹福墓誌　元統二年（1334）二月八日

元故壽卿曹公諱福，提領濟之季子也，/□世居洛。公崇儉克家，禮儒訓子。終於/大德丙午，齡五十有九。曾考潤已上祖/禰葬七里東夾道間，畊耘凌踐，五患尤/忌。公孟、仲兄祐、禄穴非定次，公難其列。/抑斯之故，於元統二年二月八吉日，葬/邙山之陽，壙方貳畝。公中為祖午開神/路，子孫叙以昭穆，殤後如之，遵經制也。/公有子三焉：敬祖、孝純、秉彝。孫亦三焉：/宗善、宗儒、宗古。曾孫一焉：典童。女一人，/適楊希顏。敬祖、宗善父子繼亡，陪厝左/右。顯妣高氏、李氏，同祔其穴，禮也。嗚呼！/子之葬親，愛敬終始，天理當然。尚恐高/岸為谷，深谷為陵。痛銘懸骼，心推絜矩，/從而掩之，德寧不厚者乎！哀子秉彝誌。

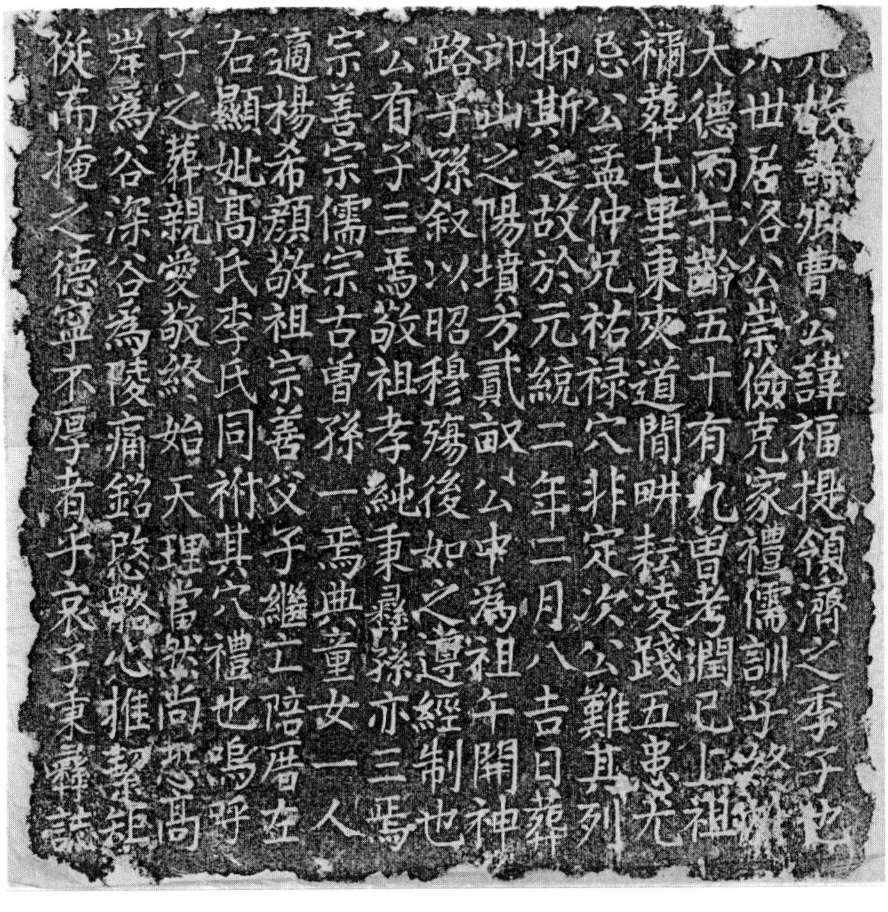

九十、元黄妙端壙記　後至元四年（1338）七月十三日

君姓黄氏，諱妙端，撫之崇仁穎秀雷塘之望族也。父子先，母吳氏。／君生於閨房之中，幼而聰敏。曁長，閑於姆訓，婦德儀容悉備。歲辛／夘，始歸于我，君年实二十二歲矣。君稟性慈和，能執婦道。事舅姑／則尽其礼，處妯娌則盡其和。至于待姻親，睦宗族，撫孤弱，恤貧窮，／君之能他人所不能者，事之善，多可書，姑舉其槩。且君勞於絲枲／織絍，晨夕不倦，克勤于家，遂致生理日廣。非君同理之力，曷能至／此欤。嗚呼痛哉！君夙嬰疢疾，謁諸醫，走群靈，靡所不致。间得少愈／而復作，是以病日繁而安日少。一日病亟，顧謂予曰：「余死也無憾，／但恨不淂事汝餘年，幸而有子，余可無憂。」語畢，竟尔而逝。嗚呼／痛哉！君生於宋咸淳庚午二月二十五日寅，卒於熙朝後至元四／年戊寅五月十一日巳，享年六十有九。男一人，宗仁，娶饒氏。女／一，菊娘，適南源田西王文吉。孫女，相娘。卜地叶吉于袁家埳，去家／半里許，坐乙向辛。其年七月十三日巳時，奉柩而葬焉。惜未能丐／銘於當古鉅公之筆，姑録此以記歲月云。／

朞服夫鄧元震領哀子宗仁泣其墓。

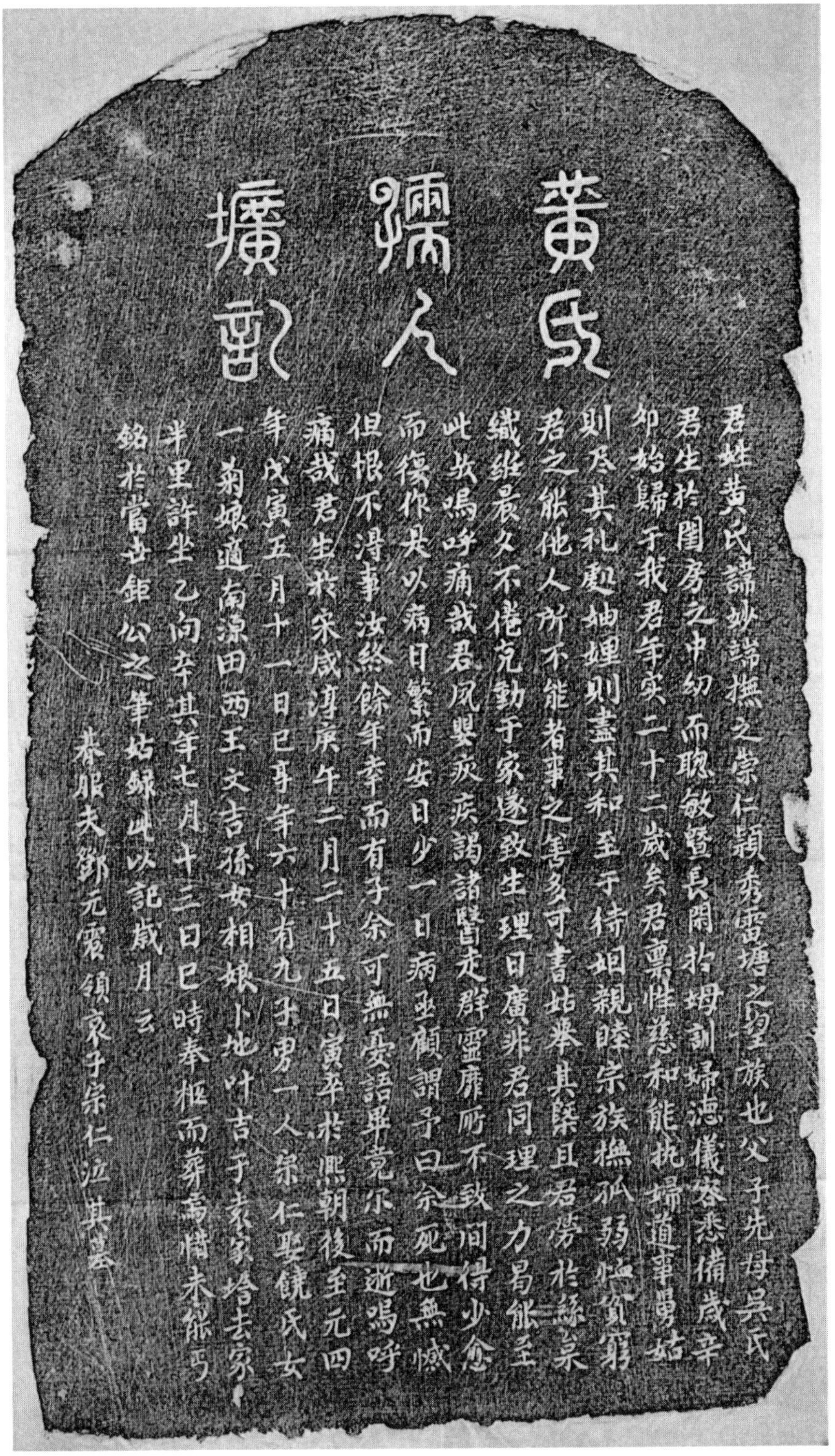

黃氏孺人壙記

君姓黃氏諱妙端撫之崇仁穎秀雷塘之望族也父子先母吳氏
君生於閨房之中幼而聰敏暨長聞於姆訓婦德儀容悉備歲辛
卯始歸于我君年實二十二歲矣君稟性慈和能執婦道事舅姑
則盡其禮處妯娌則盡其和至于待姻親睦宗族撫孤弱恤貧窮
君之能他人所不能者事之善多可書姑舉其槩且君勞於絲枲
織紝晨夕不倦克勤于家遂致生理日廣非君同理之力曷能至
此哉嗚呼痛哉君夙嬰疢疾謁諸醫走群靈靡所不致間得少愈
而復作是以病日繁而安日少一日病亟顧謂予曰余死也無憾
但恨不得事汝終餘年幸而有子余可無憂語畢竟爾而逝嗚呼
痛哉君生於宋咸淳庚午二月二十五日寅卒於熙朝後至元四
年戊寅五月十一日巳享年六十有九子男一人宗仁娶饒氏女
一菊娘適南源田西王文吉孫女相娘卜地叶吉于袁家嶺去家
半里許坐乙向辛其年七月十三日巳時奉柩而葬焉惜未能丐
銘於當世鉅公之筆姑録此以記歲月云
春服夫鄧元震領哀子宗仁泣 其墓

九十一、元胡瑛壙記　後至元六年（1340）十二月六日

額篆書三行：玉振／胡氏／壙記

亡男菊四秀才名瑛，字玉振，姓胡氏。壺山曾孫，／月牖長孫也，世家臨江新淦斷金之硯陂。生于／大元皇慶壬子六月廿四日巳時，娶鵬溪廖氏，／生子玄虎，女菊奴。遺腹生子友壽，今夏玉暉姪／以无後為請，勉俾為其嗣焉。嗚呼！昔吾子之生／也，幼閑於訓，長通於方，不拘於時，有倜儻大節。／意謂或可光吾門閭，天不我相，乃於後至元丙／子十月初九日戌時以疾終。爰卜庚辰年臘月／初六日乙酉吉，舁柩厝于下漕胡家園山之原，坐／壬向丙。山君川後，陰相默扶。寃兮英英，尚安此／乎。澤及爾子，庶不負予。報服父胡天祥字青山，／抆淚謹記。

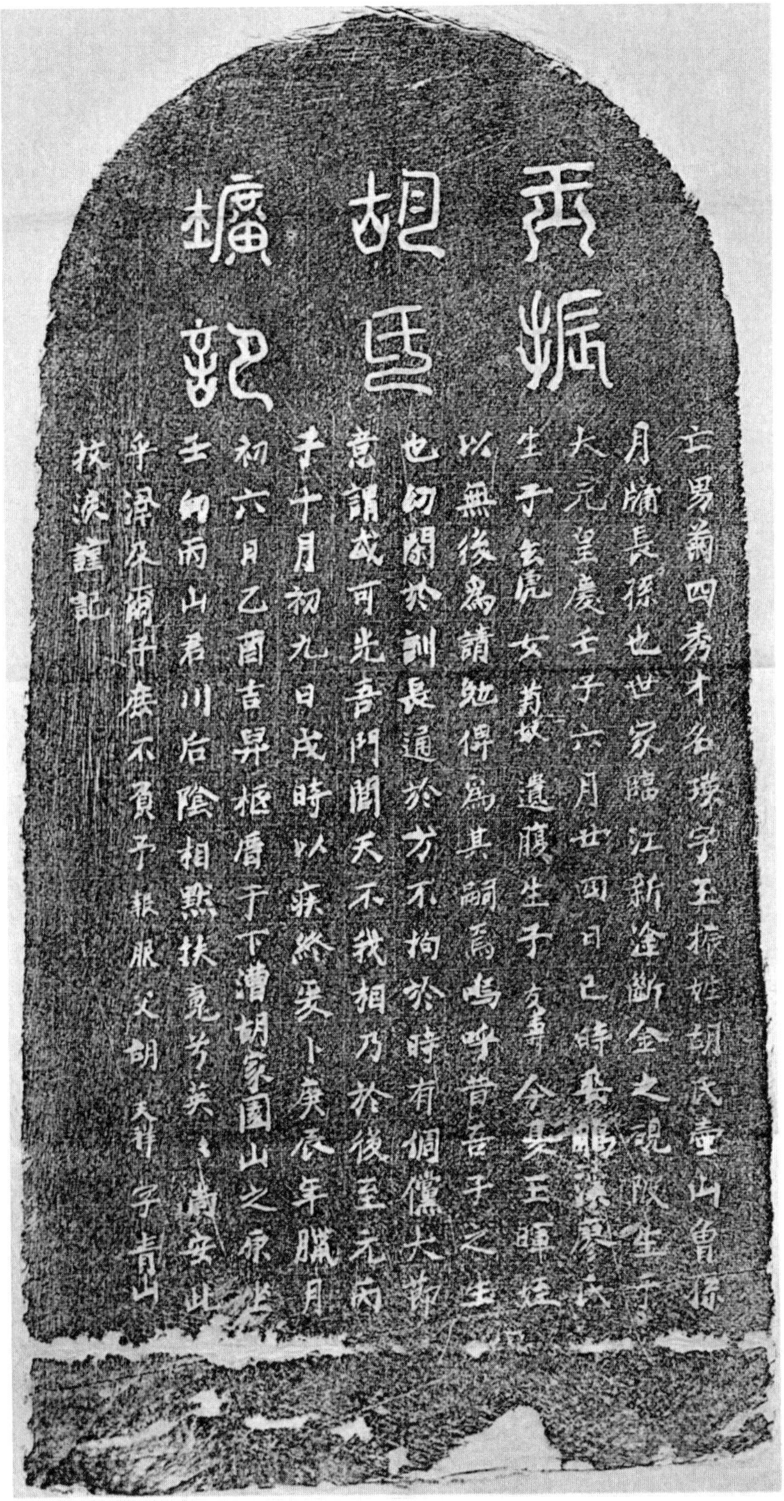
振
胡氏
壙記
亡男爾四秀才名瑛字玉振姓胡氏壹山負将
月脯長孫也世家臨江新淦斷金之硯阪生于
大元皇慶壬子六月廿四日巳時娶鵬溪廖氏
生子亥虎女莉奴遺腹生子亥壽今娶王暉姪
以無後為請勉得為其嗣焉嗚呼昔吾子之生
也叨閣於訓長通於方不拘於時有倜儻大節
意謂或可光吾門閭天不我相乃於後至元丙
子十月初九日戌時以疾終爰卜庚辰年臘月
初六月乙酉吉舁柩厝于下漕胡家園山之原坐
壬向丙山君川后陰相默扶寬爾英魂安此
乎湻及爾子庶不負予報服 父胡天祥字青山
拔淚謹記

九十二、元周瑜壙記 至正三年（1343）十月二十二日

額正書四行：周公／道立／徵士／壙記

公諱瑜，字道立，世居建昌南城小港。其始祖周公瑶，字君寶，瑶撫州城中徙居于兹。後裔蕃衍，／世習儒業，環居六七里間，衣冠紛如。曾大父琳，大父汝舟，父士杰，公為次子。宋邵武使君竹友／公為從曾，開國宫講義山公為從祖。公九歲失怙，兄謙，字道謙。甫十一歲，賴母鄭長育，教訓婚／娶，俱克有成。甲子年，道謙公挾冊中舉。七年，惟公應門養母，倍益先業。厭舊廬湫隘，廼構上流／橋頭之居，□興迎養十餘年，歡如也。道謙公歸，母鄭氏去世已七七矣。兄弟合謀榮葬其親，未成／禮而道謙公嬰疾而弗起，其後之事，一諉于公。癸酉，公復謂橋頭居矮窄，必欲大其門户。遂再構／徐灘之屋，規模宏偉，皆嘉石美木，惟廳事門廡未完。是歲九月，載具居焉。丁丑七月望日，歸故／廬，拜先隴，輕拎厲涉，遂罹捉月之殃。嗚呼痛哉！尚忍言之！不肖孤兄弟癡庸，至今猶賴吾母治／家，不肖孤無一克承先志。今卜生基，窠先塋之左，為公妥霛之所。其地作震山酉向，水歸乾亥。／癸未十二月二十有八庚申日，奉柩安厝。公生甲午，得年四十四。娶高田李。男二：長惟賢，娶招／田李；次惟方，娶厚居何，續鳳林李。女良妹，適清江楊同壽。孫四：長俊孫，蚤卒；次傑孫，公命繼瓊／孫後；三犢孫；女孫自姑。不肖孤兄弟未之顯揚，不獲丐銘于名筆。始泣血書其大槩，納諸壙云。

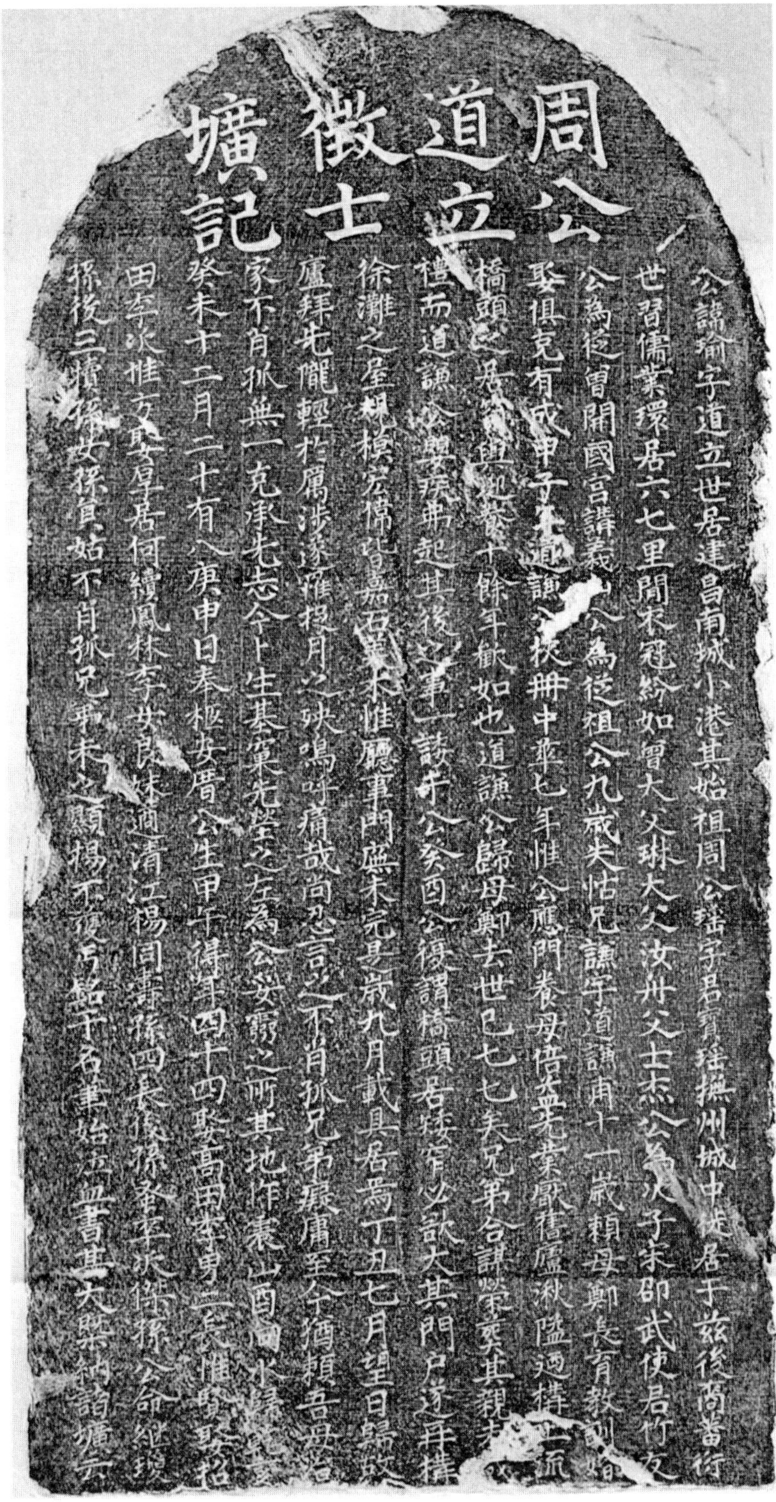

周公道立徵士壙記

公諱瑜字道立世居建昌南城小港其始祖周公揩字君實[illegible]撫州城中徙居于茲後裔蕃衍
世習儒業環居六七里間衣冠紛如曾大父琳大父汝卅父士杰公乃父子宋邵武使君竹友
公爲從曾開國宮講義公爲從祖公九歲失怙兄諱字道謙甫十一歲賴母鄭長育教訓婚
娶俱克有成甲子大變道謙公挾冊中華七年惟公應門養母悟並光業歐舊廬湫隘遷構一流
橋頭之居[illegible]迎養十餘年歡如也道謙公歸母鄭去世已七七矣兄弟合謀以安其親克
襄而道謙公嬰疾弗起其後又第一謀于公癸酉公復謂橋頭居矮窄必敞大其門戶遂拜構
徐灘之屋規模宏偉比舊屋加[illegible]惟廳事門廡未完是歲九月戴具居焉丁丑七月望日歸故
廬拜先隴輕於履涉遂罹[illegible]鳴呼痛哉尚忍言之不肖孤兄弟擬庸至今猶頓吾母[illegible]
家不肖孤無一克承先志今卜生基窠先塋之左爲公安厝之所其地作東山酉向[illegible]
癸未十二月二十有八庚申日奉柩安厝公生甲子得年四十四娶高田李男二長惟明娶招
田李氏惟方娶厚居何續鳳林李女良妹適清江楊同壽孫四長[illegible]孫[illegible]公命紹[illegible]
孫後三壙孫女孫貞姑不肖孤兄弟未之顯揚不復[illegible]于名筆姑立石書其大槩納諸壙云

九十三、元雷氏墓誌　至正三年（1343）十一月二十二日

額正書：故雷氏三太君墓誌

先妣雷氏居臨安寧彭溪，父万一承事，大宋丙寅而／生。吾母扵壬午年帰配予父，居里之城湖頭，父先壬戌／年逝。生子二：長德冨，娶鄧氏；次德勝，娶李氏。女二：長適／熊子清；次適王德旺。男孫：勝先娶熊氏；恩俚、細姑、妹俚。／女孫：李氏滿姑、月俚、回俚、足姑。女姪姑俚尚幼。嗟乎！吾／妣生於乱丗，歷過間関。治家有理，奉親睦隣，無不尽礼。／婚冠兒女，諸事如意。鄉里之人，稱其善哉。正期享壽百／年，何幸命終一夕。嗚呼！至正癸未十一月十一也。子女／不能停柩，擬是月廿二厝于毋湖岡，坐壬向丙，山水依／然，必藉蔭扵後人也。埀日倉卒，不能匄銘，姑述生死歲／月云耳。孤哀子李德冨泣血謹書。

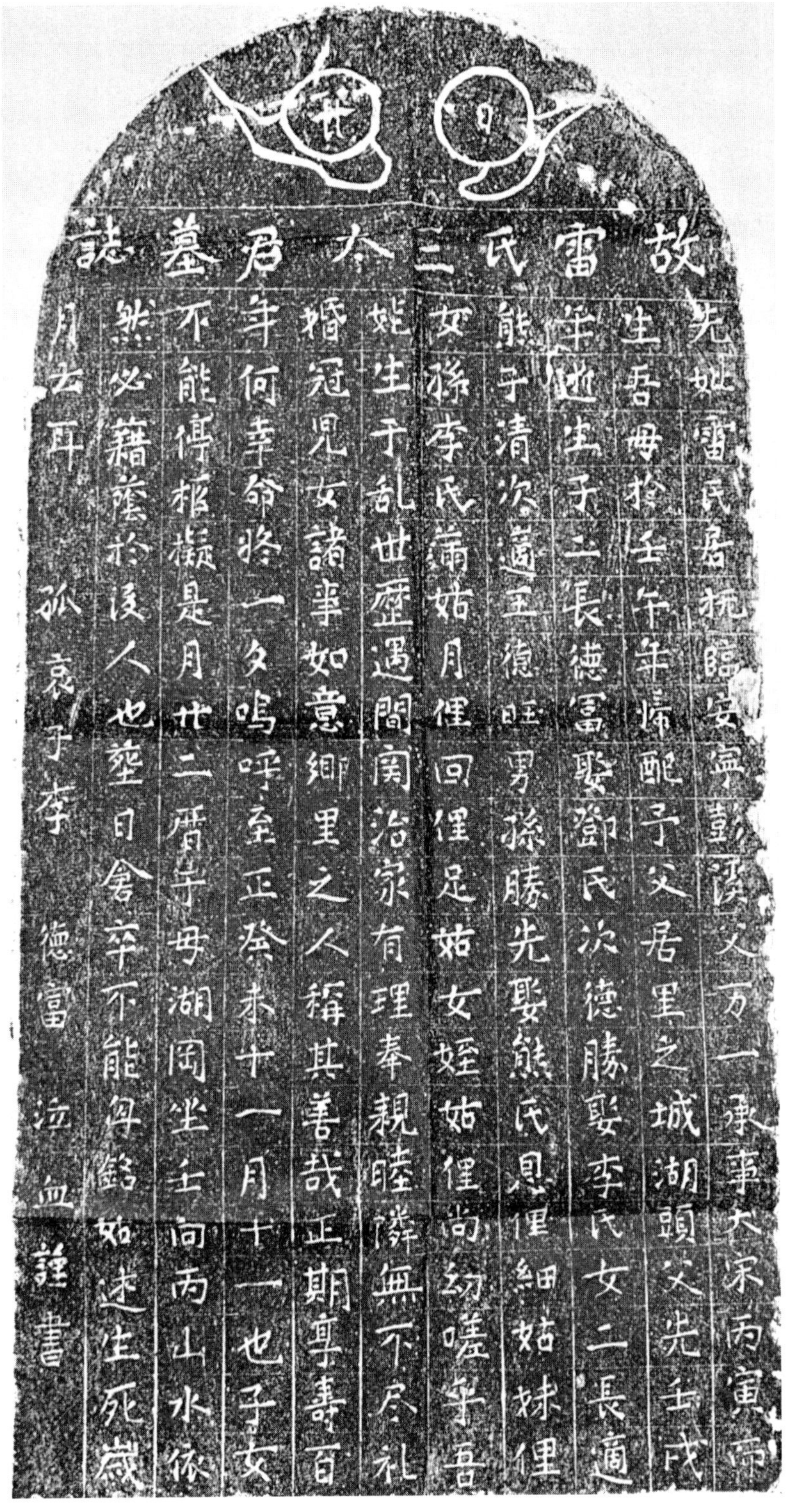
故雷氏二太君墓誌
先妣雷氏君撫臨安寧彭溪文万一承事大宋丙寅
生吾母於壬午年歸配予父居里之城湖頭父先壬戌
年逝生子二長德富娶鄧氏次德勝娶李氏女二長適
熊子清次適王德旺男孫勝先娶熊氏息俚細姑妹俚
女孫李氏蒲姑月俚回俚足姑女姪姑俚尚幼嗟乎吾
妣生于乱世歷遇閒閑治家有理奉親睦隣無不盡禮
婚冠兒女諸事如意鄉里之人稱其善哉正期享壽百
年何幸命將一夕嗚呼至正癸未十一月十一也子女
不能得摧擬是月廿二曆亨母湖岡坐壬向丙山水依
然必藉蔭於後人也塟日倉卒不能備銘姑述生死歲
月云耳 孤哀子李德富泣血謹書

九十四、元張漢材壙記 至正四年（1344）十二月五日

額篆書四行：先兄／與賢／徵士／壙記

君姓張氏，諱漢材，字與賢，撫之金溪崇溪人也。曾祖昱，祖景元，父□尹。賦性温誠，讀／書通大義，不為尋章摘句之學。事親孝，終養無間言。睦宗姻以禮，處兄弟以知。／棣蕚韡韡，良辰尊俎，懽聚不隔旬日。甞語人曰：「吾才不逮人，既不能干厚禄以／為三金之養，又不能立名節以大其門閭。所謂顯揚之事，則吾無有焉。」父母既／歿，友扵兄弟。急難相與，不墜先猷，亦庶幾焉尒矣。與人交，豈弟諄諄，必謹唯諾，／若古之人。使鄉里稱善人者，君其有焉。子舍蜂房，扵是拓地先廬之東偏，構堂／居之。配里之東山鄭氏，儒家女也。閨門雍雍，相敬如賓。閫內之事，悉以委之。至扵／錢穀出入贏縮，未甞以聞。理家以勤儉自裕，君是以淂優游里閈，為太平之民，／賢助之力也。往年淂痰氣疾，既而勿藥有喜。今年春，捐資掄材治美棺□成。不／三月，而疾復作，竟至不起。嗚呼！君可謂知命君子矣。生扵元貞乙未八月十一／日，卒扵至正甲申四月十七日。君之脩扵身者，若彼淂扵天者。若此為善之不／可信邪，抑天命之有常耶！嗚呼痛哉！男三人：仕衎，先五年卒；仕明，娶趙；仕宏，娶周。孫女／二人：安姑、正姑。是年十二月庚申，卜葬于里之周岡。其地丑艮，行龍坐□向□，巽水／朝入。明堂乃先業也，以術家風水之論，則吉兆也。山川清淑之氣，扶輿磅礴。後／世子孫，必有興者。嗚呼！天之所以厚扵君者其在斯乎。弟德材泣而誌之。

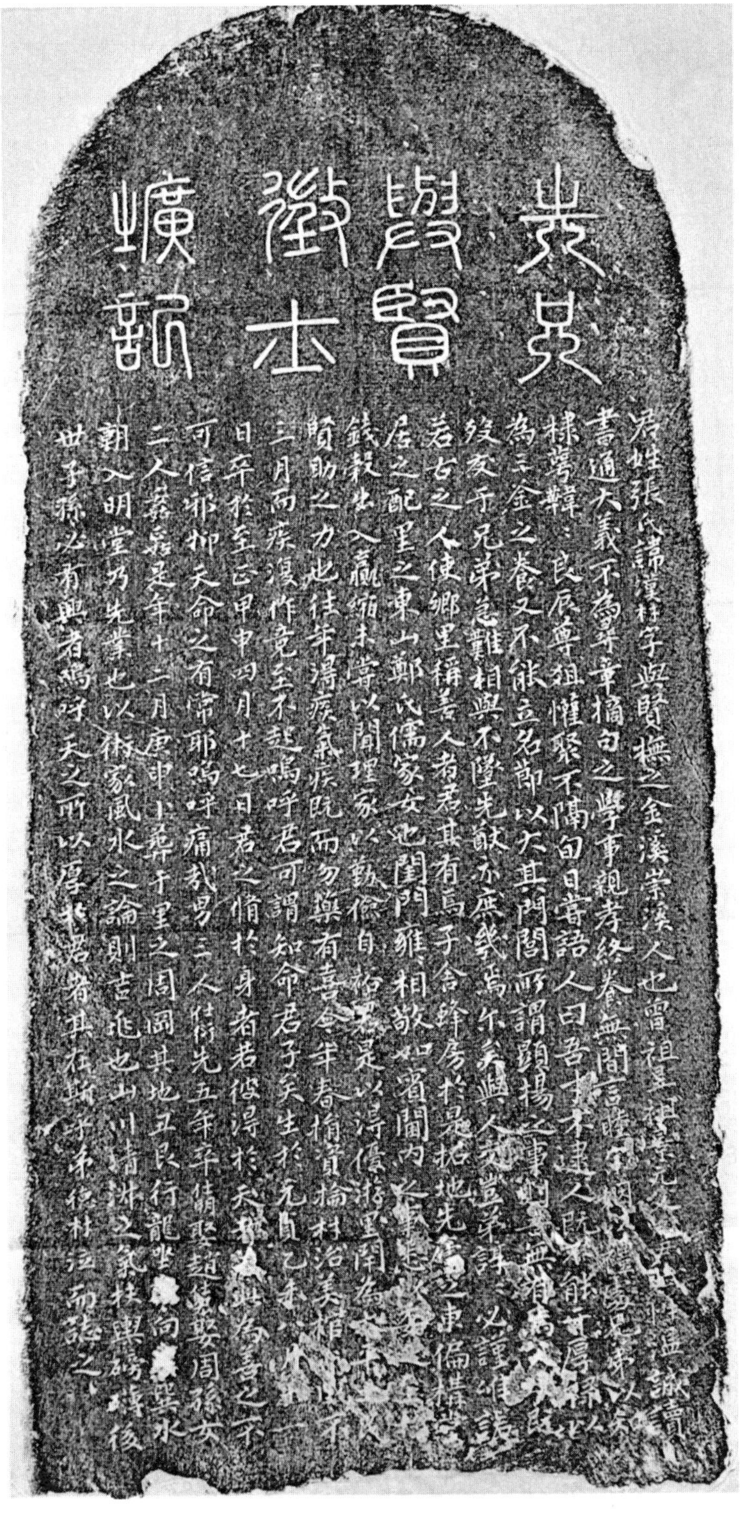

九十五、元陳國真墓誌　至正五年(1345)十一月

先君姓陳，世居撫州臨川安寧桂塘也。諱國真，生於甲辰年十一月廿一日／酉時。為人謹厚端恪，不務浮華。在親朋宗族兄弟間，未嘗不以孝悌為先／也。憐余不肖，則延師而教之。且好經商，東馳西騖，勿憚遠迩之勞。見利思義，／無苟恥焉。中年以来，所謀頗遂，家道漸興，正好与吾母享百年偕老之樂。豈／期一疾忽染，諸藥罔功，竟隕厥身。於今乙酉年十月初五夜，俾不肖等／失其所怙。母子悽然，告訴無地。嗚呼痛哉！不肖名世定，娶李氏，弟世寔，未娶。／妹三人：長陳氏妙蘭，適城塘馮天祚；次妙葵，適黃栢劉天華；幼閨妹。孫女菊娘，／孤弱未姻。玆得地於本里余坊舒家園，就以卒年十一月十二壬辰上吉，奉柩／安厝，坐午向子。其地也，龍盤虎踞，水秀山奇，宜先君之所居止。不肖衰／薾，不能丐銘於當世之名士。姑此少述大槩，納諸幽，聊記歲月云。／

至正五年乙酉十一月日，孤子陳世定等泣血書。

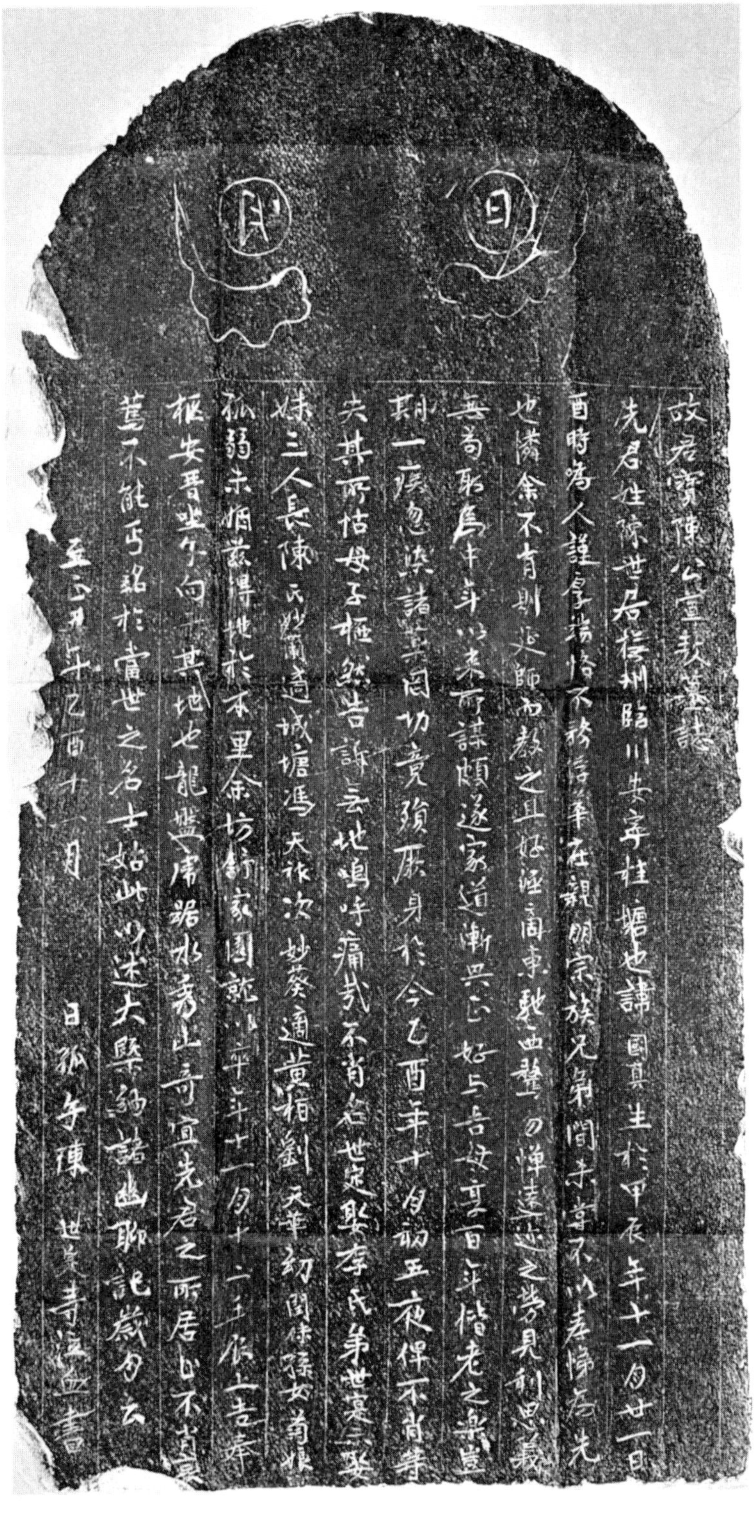

九十六、元周氏壙記 至正五年(1345)十二月十一日

額篆書四行：故徐/母周/孺人/壙記

先妣周氏孺人壙記/

先君歿之十季，先妣周氏歿。行柔順，持家逮下，惠愛甚均，無戚踈/之間。待族姻，奉祭祀，動合法禮。閨閫之政，肅雍以睦，最樂惠施，人/無不滿意，称懿德者無間言。訓女以敬戒，俱出適。延師奉賓客，主/饋不倦。命子及孫從學，朝夕親書冊，不使離齋閣。俟長，以畢冠婚，/而先妣竟以疾卒。嗚呼！孤生六季而先君卒，越十季而先妣卒。前/不得致養於吾父，後不得以致養於吾母。悲夫！其先，同邑白沙/里人。曾大父諱實翁，大父諱夢壽，父諱華子。妣王氏。子男四人：元/善、理孫、継善、遺善。元善先五季卒，理孫先十五季卒。女三：長適危/士明；次適鎦士謙；季適左士顯。孫男三：文生、楚生、京生。孫女三。生/辛巳六月二十一日，歿至正五季二月十六日，享季六十有五。葬/以是季十二月庚申，墓在里之清源。謹誌歲月，以納諸壙云。孝男/繼善泣血述。

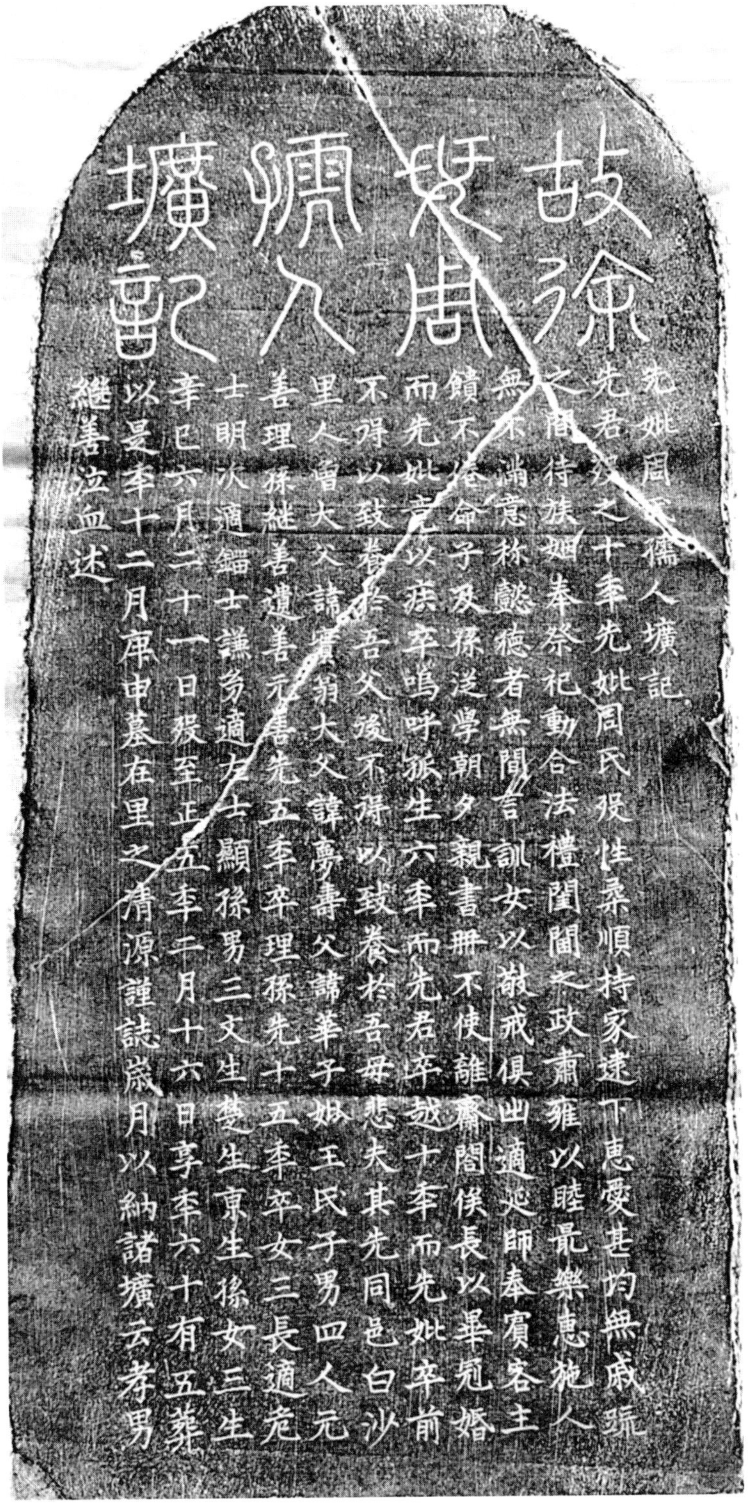
故徐母周孺人壙記
先妣周□孺人壙記
先君殁之十年先妣周氏殁性柔順持家逮下恵愛甚均無戚疏
之間侍族姻奉祭祀動合法禮閨闈之政肅雍以睦昆樂恵施人
無不滿意稱懿德者無間言訓女以敬戒俱出適延師奉賓客主
饋不倦命子及孫從學朝夕親書冊不使離齋閣俟長以畢冠婚
而先妣竟以疾卒嗚呼孤生六年而先君卒越十年而先妣卒前
不得以致養於吾父殁不得以致養於吾母悲夫其先同邑白沙
里人曾大父諱□翁大父諱夢壽父諱華子妣王氏子男四人元
善理孫繼善遺善元善先五年卒理孫先十五年卒女三長適危
士明次適錙士謙次適左士顯孫男三文生楚生京生孫女三生
辛巳六月二十一日殁至正五年二月十六日享年六十有五葬
以是年十二月庚申墓在里之清源謹誌歲月以納諸壙云孝男
繼善泣血述

九十七、元胡妙正墓誌　至正六年（1346）十一月二十二日

先妣諱妙正，姓胡氏，世居鶴峰。稔聞前人雲，先妣幼習／儀，執婦道。來歸我先君，奉姑盡礼，待族以和，足饋無無／倦。臨下以寬，中外靡有間言，咸稱曰賢。至於家道日裕，／雪杼霜機，未嘗少怠，而先君得兩助也為多。鞠育教誨／我兄弟，初無二心，而我兄弟感母恩也甚厚。不聿先君／先二年卒，吾母伇伇不樂，猶勉吾兄弟持盈守成。正謀／我兄弟冠婚畢而欲各廣其居，四時迎養以佚其孝。奈／何一疾，百身贖矣。生於至元三十年五月初七日戌時，／卒於至正六年十月初九日，享年五十有三。男三人：長／天慶桂；次天錫潘；幼天達馮。孫男二人：長福生；次海生。／孫女一人，英姑。嗚呼痛哉！生無以為養，今身後不得顯／揚以為。遂乃卜是年十一月廿二日庚申，奉柩與先考／合葬于李家塘畔。其地坐乾向巽，水歸丙丁長流，吉兆／也。違日迫，未暇求銘于大手筆，姑還歲月而納諸塘雲。／

臨川邑庠姻生何布撰文。／

翰林學士、國子助教晚生危素書并題蓋。

九十八、元宋德義墓誌　至正七年（1347）十月四日

誌蓋篆書二行：元故宋／公墓銘

大元故宋公墓誌／

夫人之有禄位者，必立謚號。謚者，行之迹；號者，功之表。是以大／行受大名，細行受細名，行出抡已，名生抡人也。茍無其名，恐失／遺行，抡是命予作誌，記其行事云。故宋公者，丗為上黨步公里／人也。公諱德義，居仁其子也。曾大父諱元，大父諱貴，父諱琇石，／母郭氏，皆晦跡不仕。昆弟三人：孟兄曰信；仲曰順；居仁乃季也。／妻范氏，早卒；娶李氏，卒；再娶高氏。子男四人。長曰丗傑，字國英，／充澤州吏。娶程氏，卒，再娶藥氏。次曰丗榮，字國華，娶李氏、司氏。／次曰丗安，字國寧，娶陳氏。皆李所出也。幼曰丗權，字國綱，娶李／氏。高所出也。女二人：長適同里趙济和；次適矦北庄李君卿。孫／男五人：長曰殷，字子微，程所出也；次曰瓊林；次曰桂林；次曰桂／芳，藥所出也。國寧一子曰瓊山，皆幼。公之為人天性純淑，識見／明遠，常持四字「勤勇信義」。自窶致富，居家克治，人皆服其勤也；／鄰里有訟，片言必決，鄉社服其勇也；納交抡人，然諾不失，朋友／服其信也；賙窮恤匱，積而能散，鄉邦称其義也。樵太行以給薪，／漁衡漳而為養。耕讀不廢，治家有法。年甫從心所欲，抡至正七／禩七月内遘以风疾。國英、國寧是年先卒，國華、國綱勤抡供奉，／衣不解帶，至八月十九日終焉。仍依葬禮，殯以三月，國華率國／綱及姪子殷殫心滌慮，選立營壙抡漳水之東皋，居第之西南，／以為吉地而安厝之。至正丁亥冬孟四日，藥亨誌并書。／

維公之德，剛柔兩全。勤勇信義，出自天然。／義方教子，耕讀無偏。行年七十，厥命终天。／漳水之側，太行之巔。卜其宅兆，億萬斯年。／

玉工孫海刊。

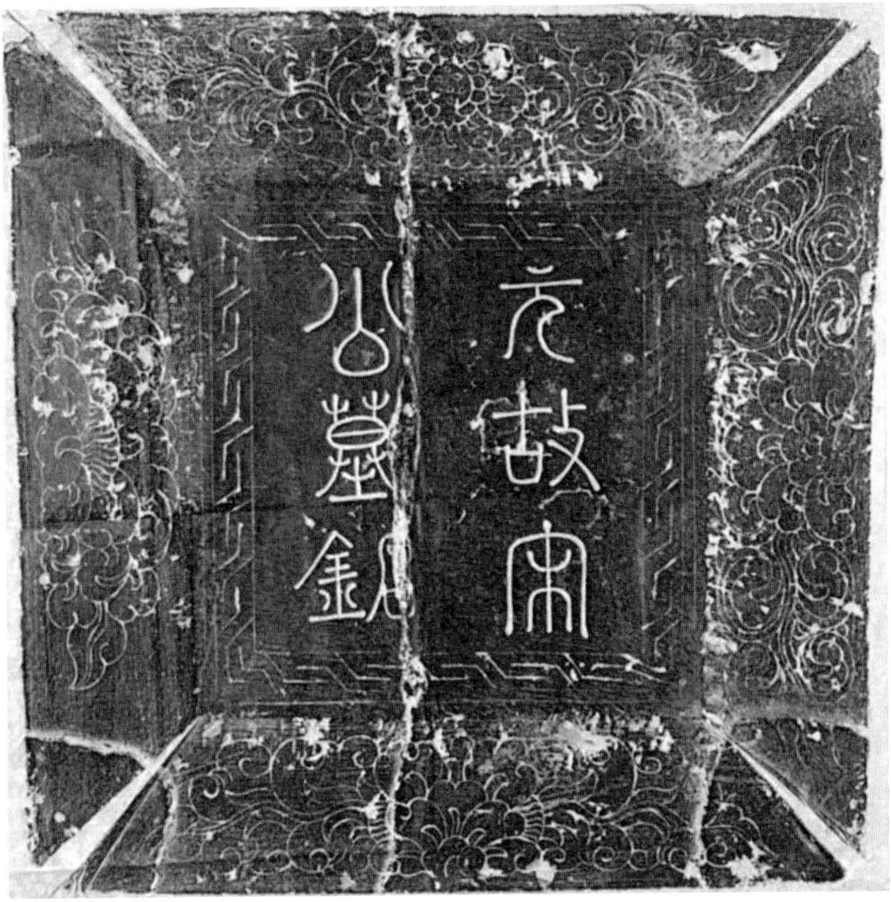
元故宋
公墓銘

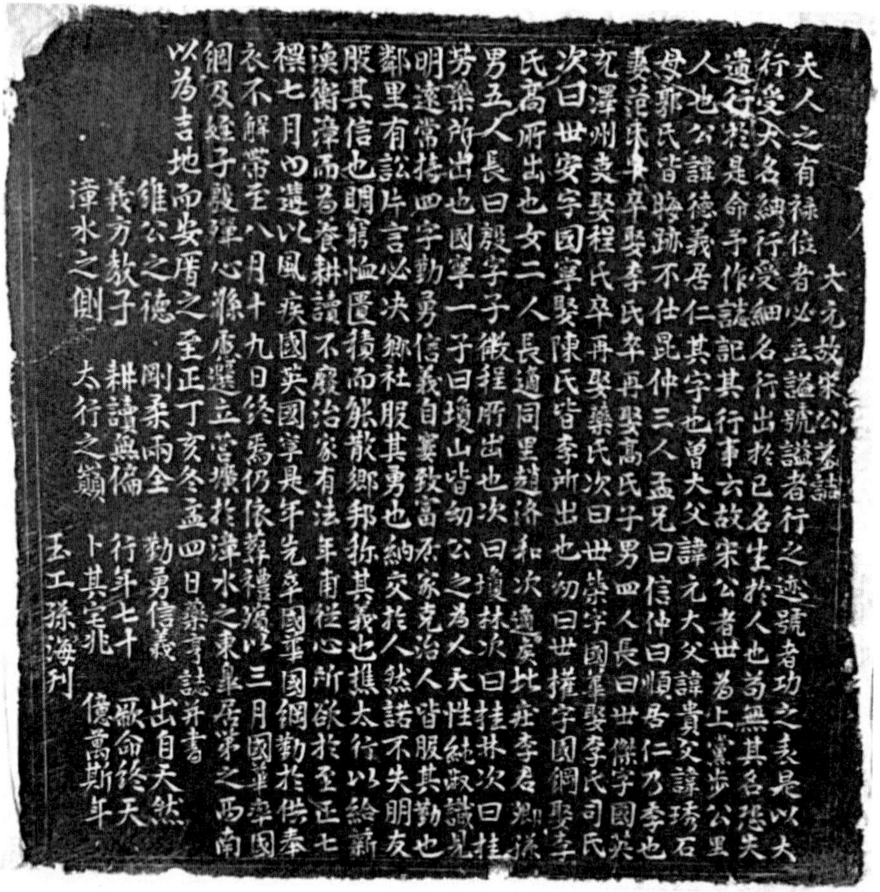

大元故宋公墓誌

夫人之有祿位者必立謚號謚者行之迹號者功之表是以大
行受大名細行受細名行出於己名生於人也苟無其名恐失
遺行於是命予作誌記其行事云故宋公者世爲上黨步公里
人也公諱德義居仁其字也曾大父諱元大父諱貴父諱琇石
母郭氏皆晦跡不仕昆仲三人孟兄曰信仲曰順居仁乃季也
妻范氏早卒娶李氏卒再娶高氏子男四人長曰世傑字國英
充澤州吏娶程氏卒再娶藥氏次曰世榮字國華娶李氏司氏
次曰世安字國寧娶陳氏皆李所出也幼曰世權字國綱娶李
氏高所出也女二人長適同里趙洛和次適虒比莊李君鄉孫
男五人長曰殷字子徽程所出也次曰壞林次曰挂林次曰挂
芳藥所出也國寧一子曰壞山皆幼公之爲人天性純敢識見
明達常持四字勤勇信義自寠致富成家克治人皆服其勤也
鄰里有訟片言必決鄉社服其勇也納交於人然諾不失朋友
服其信也賙窮恤匱積而能散鄉邦称其義也攜太行以給薪
渙衛漳而爲養耕讀不廢治家有法年甫從心所欲於至正七
禩七月四遘以風疾國英國寧是年先卒國華國綱勤於供奉
衣不解帶至八月十九日終焉仍依葬禮殯以三月國華卒國
綱及孫子殷殫心滌慮選立營壙於漳水之東皐居第之西南
以爲吉地而安厝之　至正丁亥冬孟四日藥亨誌并書
維公之德　剛柔兩全　勤勇信義　出自天然
義方教子　耕讀兼備　行年七十　厥命終天
漳水之側　太行之巔　卜其宅兆　億萬斯年
玉工孫海刊

九十九、元陳妙静壙記 至正九年(1349)七月十七日

額篆書四行：故全／孺人／陳氏／壙記

妣迺撫城南市陳氏生，名妙静。吾父自至元二十一／年甲申贅居於彼，不数載，迁城東長寧鄉八都精橋。／吾母協力，開基刱業，新搆楝樑。奉姑車氏至孝，伉儷／舉按齊眉，睦族和鄰，治家勤儉。待親朋以礼，御奴僕／以寬。機杼蚕桑，延师不倦。尚文把素，念佛持經。陳氏／生於宋德祐元年乙亥十月初九日戌時，享春秋七／十有五。男二：萬杰，娶孔氏，生男孫震觀，再醮唐氏，生／女孫眞眞；萬邦，娶李氏，生孫男觀生、觀弟、觀保、黑俚，／孫女觀女。女三：長適謝仁卿，女先喪；次適孔德渊，婿／女俱亡；三適萬宗，早世，女寡。孫觀生童婚廖氏。長／男迁拎父壠之東北本鄉七都小郲市西，次男迁于／八都咼嶺。吾母不幸拎至正九年已丑六月十八日／痼疾弗瘳，瞑目而逝。嗚呼痛哉！越七月十七日丙午，／扶柩葬柒都銀鼓塘祖塚，山坐夘向酉，從卜吉也。不／能匃銘拎當時名筆，姑紀歲月，以內諸幽云。葬前三／日，孤哀子全萬杰、萬邦泣血書。／

戚株林樵叟車旡鬪填諱。

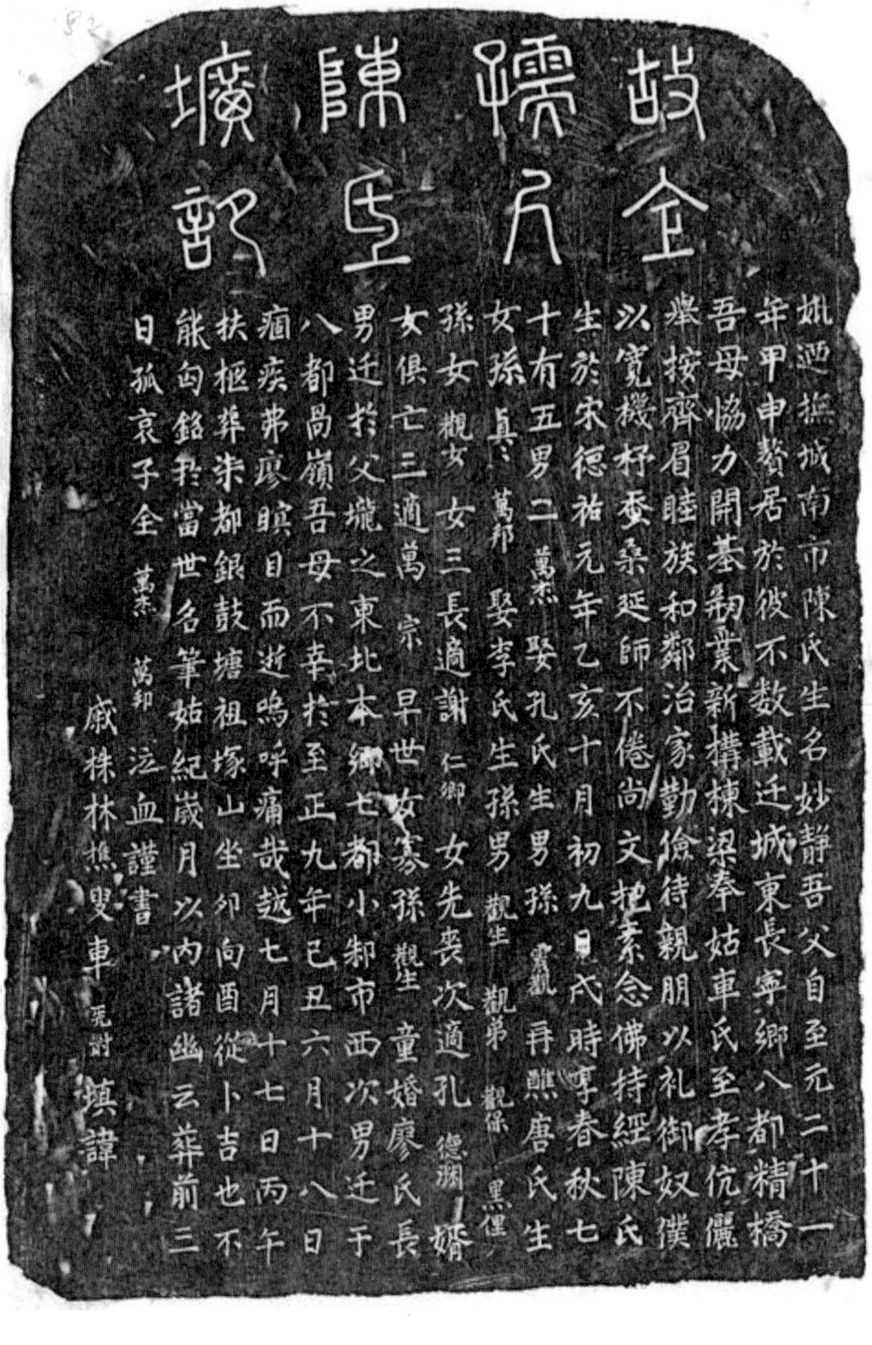

故全孺人陳氏壙記

妣迺撫城南市陳氏生名妙靜吾父自至元二十一
年甲申贅居於彼不數載迁城東長寧鄉八都精橋
吾母協力開基創業新構棟梁奉姑車氏至孝伉儷
舉按齊眉睦族和鄰治家勤儉待親朋以礼御奴僕
以寬機杼蚕桑延師不倦尚文抱素念佛持經陳氏
生於宋德祐元年乙亥十月初九日戌時享春秋七
十有五男二萬杰娶孔氏生男孫震觀弄熊唐氏生
女孫真真萬邦娶李氏生孫男觀生觀弟觀保黑僅
孫女觀女女三長適謝仁卿女先喪次適孔德淵婿
女俱亡三適萬宗早世女寡孫觀生童婚廖氏長
男迁於父壠之東北本鄉七都小御市西次男迁于
八都高嶺吾母不幸於至正九年己丑六月十八日
痼疾弗瘳瞑目而逝嗚呼痛哉越七月十七日丙午
扶柩葬柒都銀鼓塘祖塚山坐卯向酉從卜吉也不
能匄銘於當世名筆姑紀歲月以內諸幽云葬前三
日孤哀子全萬杰萬邦泣血謹書
槑林樵叟車冕尉填諱

一〇〇、元蔣璧壙記 至正九年（1349）八月

額隸書三行：先君／濟齋／壙記

先君諱璧，字濟甫，夫人薛氏。按先世居商州，宋慶曆間遠祖仕安，以主簿出任江右，僑居豐城。曾祖諱醇，／祖諱彬，父諱振文，妣熊氏。世居城西福元坊，遂為豐城之蔣氏。生宋庚午閏十月初八日，歿元至正戊／子三月三日。君素性冲澹，不競浮華。初從吏事，常懷慈恕，未嘗介意拎錙銖。凡感而不忘者，或報輒返之。／自是，鄉人皆以善稱。暨／國朝隨行省署蒙古字提舉司，遂授君以吏目之劄。然終無干祿利、徼仕進之心，尋亦置之。怡然有田園之／趣，乃闢舘舍，以延師教子為先務。天曆庚午之饑，為粥以食餓者。及鄉人之貸粟，如尋常曾不計其直，鄰／里鄉黨以為德。元統癸酉初，復掄材僝工，重廣新居拎石橋湖上。堂廳門廡，以次高明爽塏，不加雕刻之／功，蓋君之雅素也。後至元間，監州奧剌侯新官舍，君捐貲董役，治分司廳與刻名于石。雖居附郭，然為鄉／都第廿。凡差役科徵，必倍其費。君乃畫策，鄉都人義之。由是，官府罷侵漁之計，居民無靠損之憂。若其規／畫始末之詳，則有義田之碑在。嗚呼！先君以勤儉起家，以理法自持，為天所相。以子以孫，方期侍養之／日長。而遽以疾終于正寢。昊天罔極，報德何由。越明年己丑八月丙午，奉柩安厝于富城鄉祝熂裏下蕳／原之陽。子男三：長普稱，聘覺溪徐，未娶而早世；次思徳，婦上菱范氏；幼止善，婦北陂范氏。女三：長妻長安／鄉聶天麟，先公廿三年卒；次妻散田黃豫；幼居室，先公廿一年卒。孫男繼祖，娶在城黃氏。次斗孫、玄孫、牛生、／鐵駒。孫女引壽，許適榮塘陳；住娘，許適山隔黃；幼福娘、戌娘。敬告地神而言曰：

惟此高原，翼翼綿綿。龍發／巳丙，癸水導前。坐甲向庚，左右朝迎。風藏氣聚，妥我先靈。日吉辰良，塋壙斯張。冊旐央央，奉柩以藏。既復／于土，永綏其所。佑我後人，繩其祖武。惟爾有神，呵衛孔臻。春秋與享，矢此堅珉。／

至正九年歲次己丑八月日，孤子思徳、止善泣血百拜謹誌。／

宗末忠翊校尉、前惠州路總管府推官自強填諱并篆額。

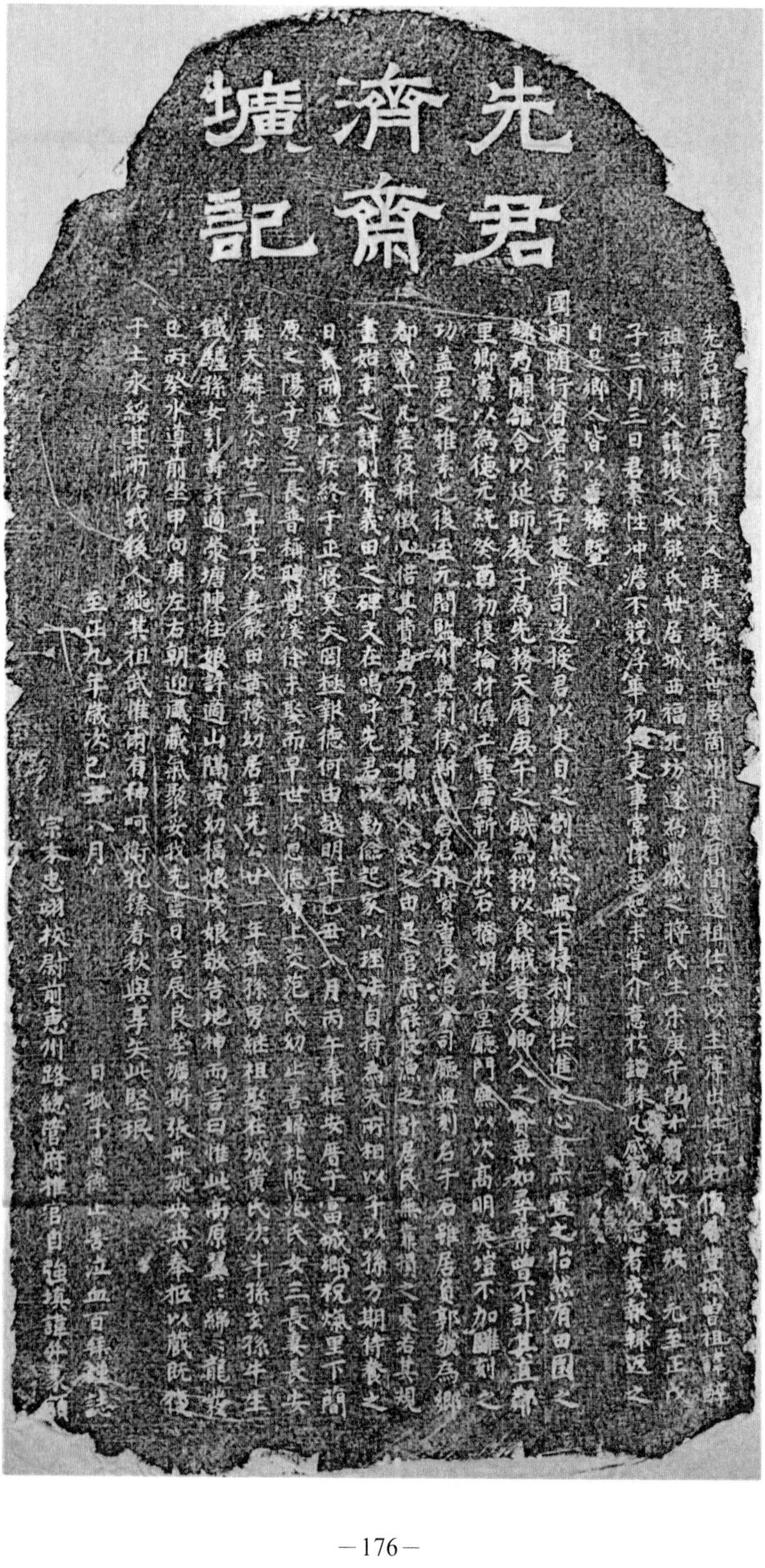
先君濟齋壙記

一〇一、元樂氏墓记　至正十年（1350）七月

額正書：故西歸道姑墓记

先妣樂氏四道姑，撫城外北廂女也。年及笄，適予家。奉／公姑盡敬，務枲麻必勤。治家有餘，待親隣以睦。執守媜／道，禀性温柔。夫婦正期晚景，不料厥疾弗瘳，奄終天算。／嗚呼哀哉！吾母生扵大癸酉年七月十五日辰時，享年／七十有五，卒扵丁亥六月廿七日。妣生男三人：長萬必／昌，娶何氏；次子忠，娶張氏；幼子成，娶鄒氏。生女二人：一／娘適同理余雲翔；四娘適城外東廂余。孫男文富、文貴、以信。／孫女一娘，適堯；二娘，適張；三娘，納曽必和為／婿；四娘，納江應麟；五娘、六娘，居幼。今淂卜，扵是年七月／初六丙午日食，奉柩葬于居之前，坐戌山面辰，山水朝／揖，雞犬相聞，以便四時之祭。聊書大畧，謾记歳月云耳。／至正十年七月日，哀子萬必昌、子忠、子成等泣血謹書。

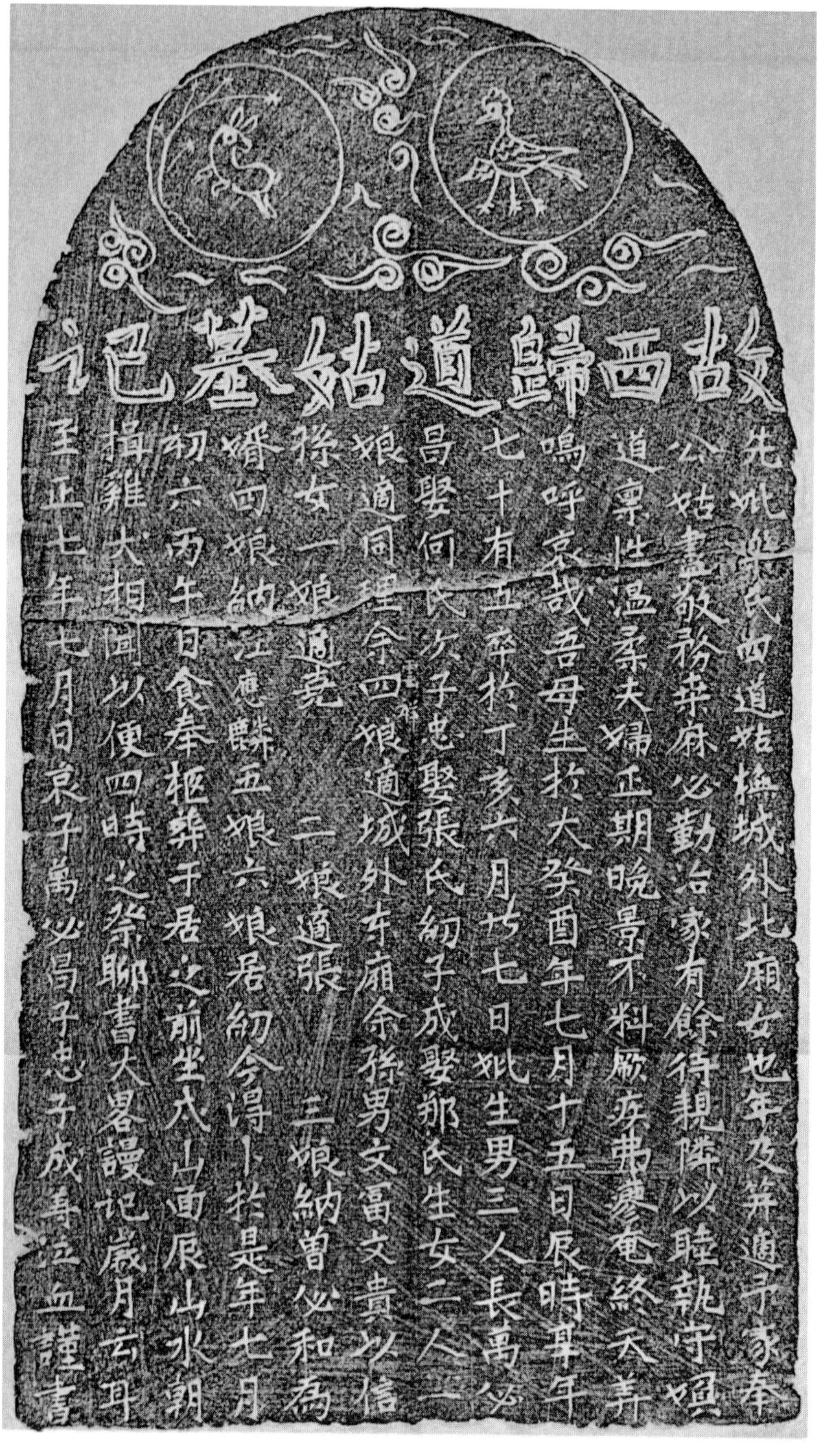

故西歸道姑墓記

先妣樂氏西道姑梅城外北廟女也年及笄適予家奉
公姑盡敬務葬麻必勤治家有餘待親隣以睦執守娛
道稟性温柔夫婦正期晚景不料厥疾弗瘳奄終天壽
嗚呼哀哉吾母生於大癸酉年七月十五日辰時享年
七十有五卒於丁亥六月廿七日妣生男三人長禹以
昌娶何氏次子忠娶張氏幼子成娶鄭氏生女二人一
娘適同里令四娘適城外東廟余孫男文富文貴以信
孫女一娘適堯　二娘適張　三娘納曾以和為
婿四娘納汪應麟五娘六娘居幼今得卜於是年七月
初六丙午日食奉柩葬于居之前坐戌山面辰山水朝
揖雍大相回以便四時之祭聊書大略謹記歲月云耳
至正七年七月日哀子禹以昌子忠子成等泣血謹書

一〇二、元程氏地券 至正十一年（1351）十二月九日

額正書：地券

維大元至正十一年太歲辛卯十二月丙子朔越九日甲／申，崇仁縣北里舘前廟上保朞服夫黃靖孫，哀男黃／應，承重服孫福孫，孝新婦羅氏、吳氏，孝女應娘適汪／日寧，孝孫聖佑、玄真、泰生、吉慶，女孫惠娘、細奴、觀娘、／美娘、益娘，謹昭告于長安鄉會昌里三山吳源坑保地靈／曰：吾室存日，程氏靖一孺人元命丙戌年正月／初八日辰時生，沒於庚寅季五月廿二日巳時。爰卜／今辰，謹奉柩歸窆于茲。其地坐未向丑，維山蒼蒼，維／水詳詳。山廻水繞，炁聚風藏。厥卦之固，越靈之康。惟／爾有神，阿除不祥。春秋祭祀，子孫永昌。有此石，謹告。

地券

維

大元至正十一年太歲辛卯十二月丙子朔越九日甲

申崇仁縣北里館前廟上保朞服夫黃靖孫哀男黃

應承重服孫福孫孝新婦羅氏吳氏孝女應娘適汪

邑寧孝孫聖佑玄真泰生吉慶女孫惠娘細奴觀娘

美娘益娘謹昭告于長安鄉會昌里三山吳源坑保

抛靈曰吾室存日程氏靖一孺人元命丙戌年正月

初八日辰時生沒於庚寅季五月廿二日巳時爰卜

今辰謹奉柩歸窆于茲其地坐未向丑維山蒼蒼維

水詳詳山迴水遠炁聚風藏厥封之固越靈之康惟

爾有神阿除不祥春秋祭祀子孫永昌有此石謹告

一〇三、元汪良壙記 至正十一年(1351)十二月二十一日

額正書五行：先君/汪公/良一/徵士/壙記

先君汪公良一徵士壙記/

嗚呼！先君諱良，字良齋，生前丙戌五月。曾大父叔度，祖父誠，父良，世居撫□□/積善里烏頓。顯於宋室，為名家故族。自有先歸附初，世故崢嶸。祖父南窻先□/寓金谿羅坑，與祖母何氏孺人勤苦克持，植立家業。先君兄弟五人，為人子□。/長幼機警，性梗直無恨心。早歷門户，兄弟中外綜理家事。先祖壽八十，與祖母/晚年福考，先君兄弟力焉。嗚呼！尚忍言之哉。哭祖父，哭祖母，哭吾母。未數年，哭/吾父。嗚呼痛哉！先君歲庚申自羅坑寓東曹，以便河為生理計。食指日繁，里□/安妥，因家焉。先君與先妣鎦氏克勤克儉，買田築室，睦姻接鄰，子婚女適，咸盡/其禮，人皆稱之為難。園池左右，四時畦蔬。佃負郭田數畝，以供朝夕。于時祖父/有潘輿之奉，相處裕如。期吾父壽福耆艾。竟不我延，歲庚寅八月也。嗚呼痛哉！/孤之成立，先君、先妣力焉。子男一人，肇。女三：琇娘，適張仕明，先卒；次圓娘，適張/斌；幼靜娘，適熊继。孫男三：長琬；次祖壽；幼迪生。孝婦章氏。孫女二：長適張恭；次/許鎦，未行。孫媳鄒氏。卜歲辛夘臘月丙申，正葬近里陶園，坐癸向丁。未能求當/代名筆，姑摭生平大槩，紀年月，以納諸幽。至正十一年臘月孝男汪肇泣血書。

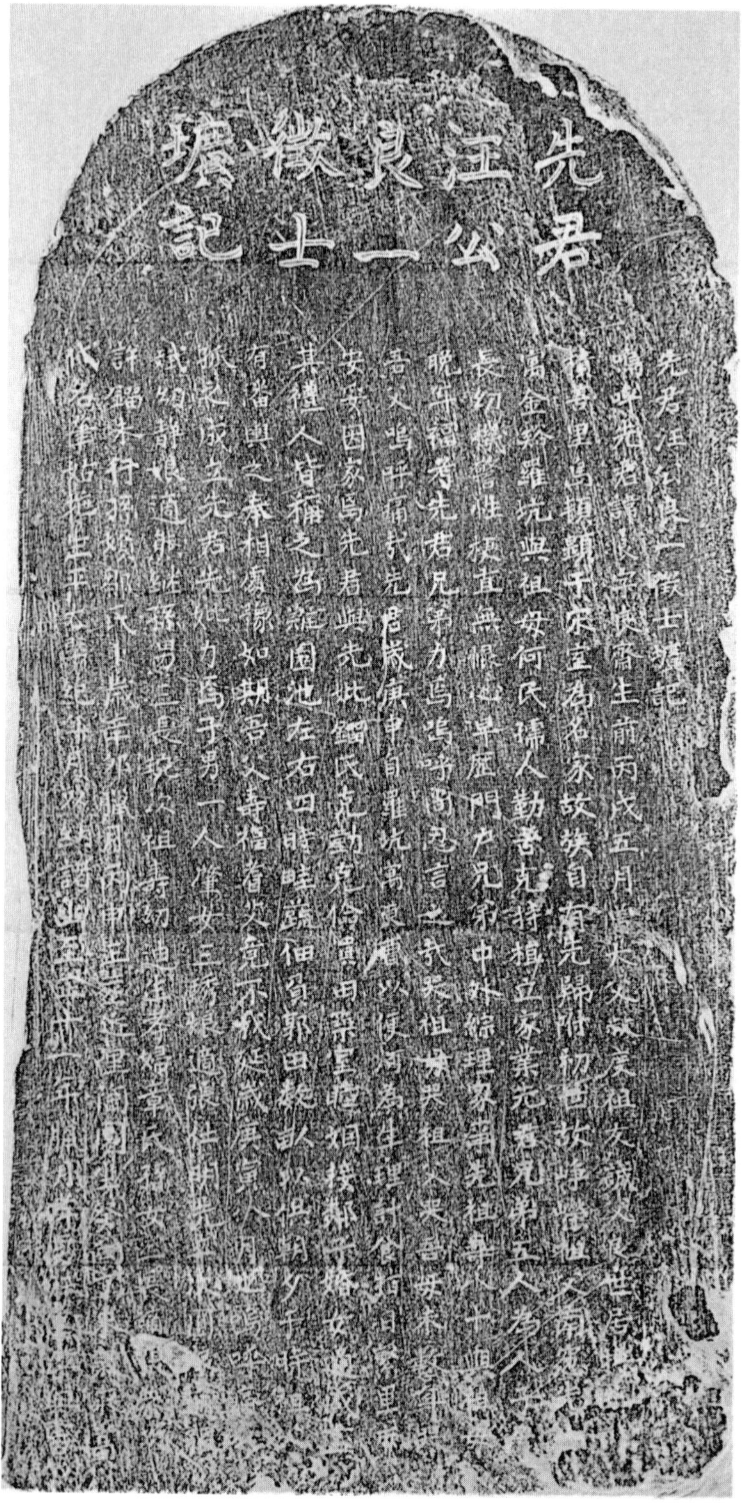
先君汪公良一徽士壙記

一〇四、元黃德英壙記 至正十二年（1352）閏三月二十四日

額篆書四行：先君／黃公／俊中／壙記

先君姓黃，諱德英。祖元剛，父諱□南，撫金／谿南山里人也。家世自鄆須城遷建寧浦／城，由浦城寓居金谿。衣冠文物，接踵前代。／先君天性純厚，治家勤儉，撫兒女以恩，待／親隣以和。方期晚歲求田問舍，少遂供老／之願。胡何故疾忽作，遽尔傾逝，嗚呼痛哉！／生於壬辰九月十七日亥時，卒於壬辰閏／三月廿四日。娶吳氏，生男二：長曰志謙，娶／徐；次曰子信，亦娶徐，出繼堂𣏾位。女二人：／長適傅；次適林。孫女二人。以卒之月廿九／日葬于西林院後祖壠之傍。不肖孤未能／乞銘當世，姑述大槩，納諸壙云。孝男志謙／泣血百拜謹書。

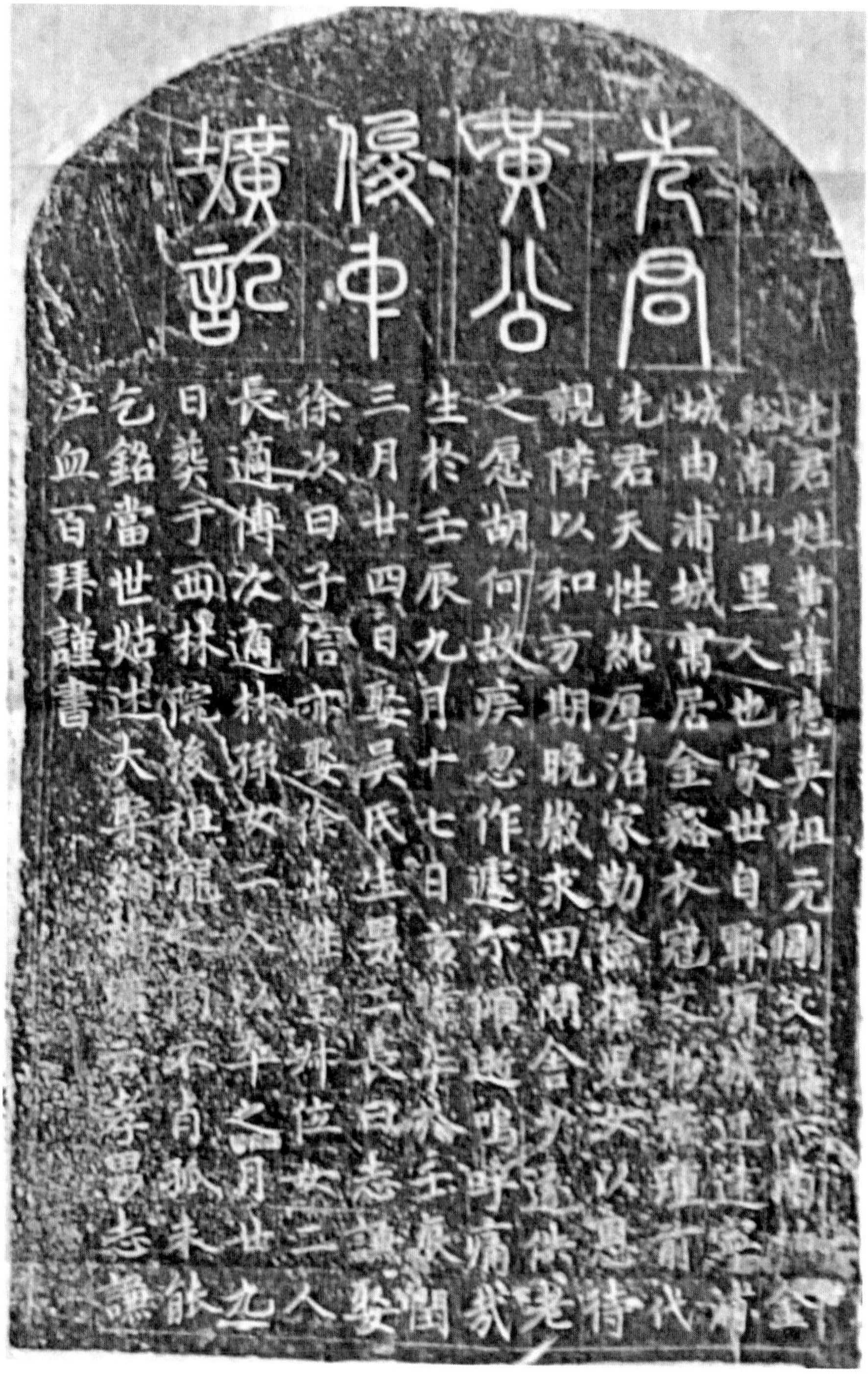

先君黃公[illegible]壙記

先君姓黃諱德英祖元剛父[illegible]南
錦南山里人也家世自鄆[illegible]
城由浦城寓居金谿衣冠之[illegible]雖有
先君天性純厚治家勤儉[illegible]以惠
親隣以和方期晚歲求田問舍[illegible]
之虞胡何故疾忽作遽爾[illegible]嗚呼痛
生於壬辰九月十七日[illegible]壬辰
三月廿四日娶吳氏生男二長曰志[illegible]
徐次曰子信亦娶徐[illegible]位女二
長適傅次適林孫女二人以本年之月廿
日葬于西林院後祖[illegible]不肖孤未
乞銘當世姑述大槩[illegible]孝男志
泣血百拜謹書

一〇五、元饒世昌暨妻趙永恭合葬墓誌　至正十三年（1353）三月二十九日

亡弟饒時可妻趙氏合塟墓記／

吾弟諱世昌，字時可，姓饒氏。曾祖蕙，祖天驥，父／與道，世臨川延壽南塘里人。生元泰定乙丑，至／正癸巳三月二十日卒。配趙諱恭，生癸亥，先／時可二日卒。子男一，賤生，尚㓜。卜是月丁酉合／葬里東坑原南，坐癸向丁。時可㓜端重，稍長謹／飭知學，居室圖書位置整雅，田圃樹藝，生意盎／然。歲壬辰，屋燬于寇，奔走無寧時。洎冬，同歸故／鄉，寄跡田舍，時方艱虞急難，相須之日正長，而／乃溘先朝露。又夫婦繼歿，子在髫齔，天乎痛哉！／葬日逼，謹摭卒塟大槩，納諸壙。趙氏丗次得以／略者，內夫家也。兄昌遜泣書。

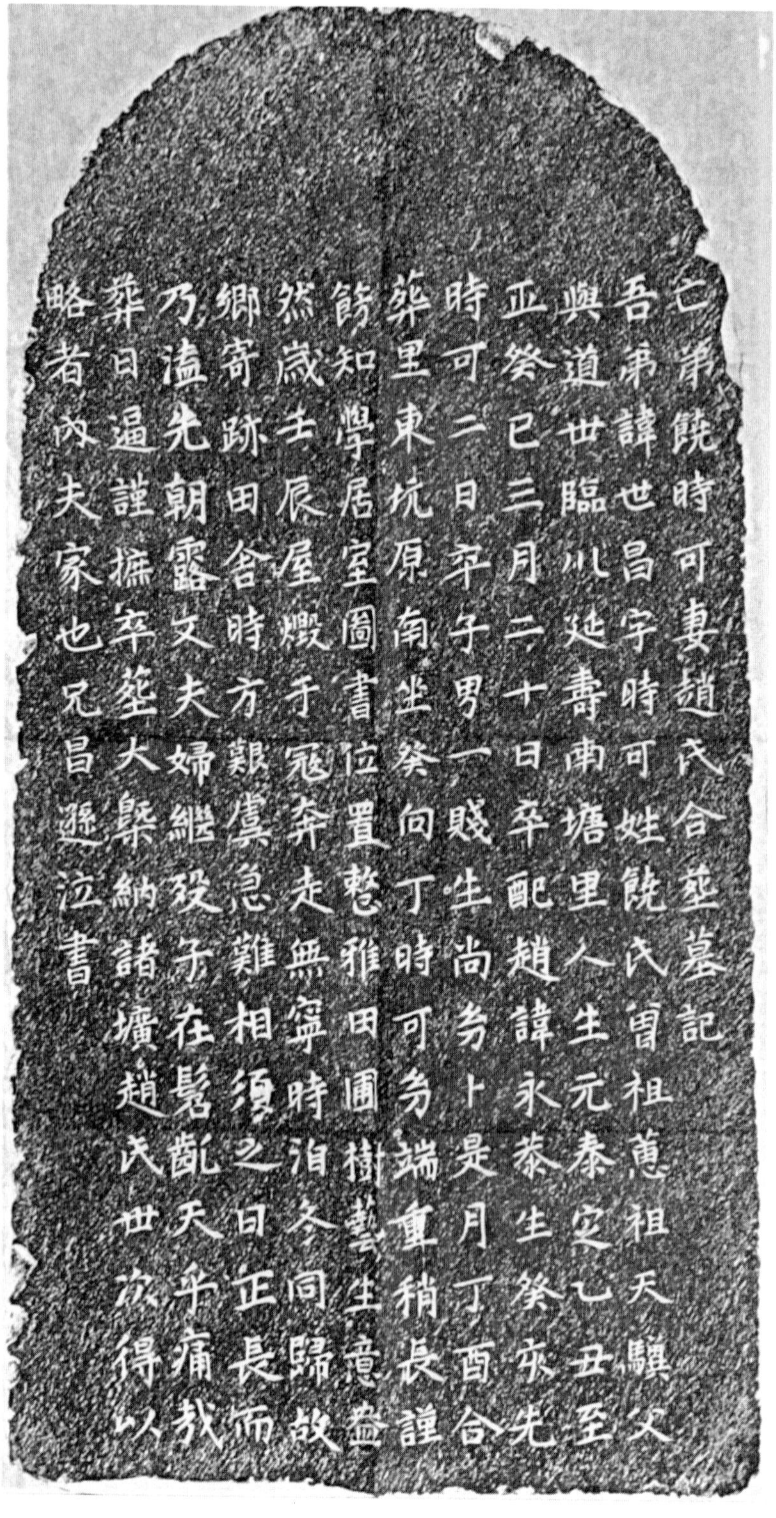
亡弟饒時可妻趙氏合葬墓記
吾弟諱世昌字時可姓饒氏曾祖蕙祖天驥父
與道世臨川延壽南塘里人生元泰定乙丑至
正癸巳三月二十日卒配趙諱永恭生癸亥先
時可二日卒子男一賤生尚务卜是月丁酉合
葬里東坑原南坐癸向丁時可务端重稍長謹
飭知學居室圖書位置整雅田圃樹藝生意盎
然歲壬辰屋燬于冠奔走無寧時洎冬同歸故
鄉寄跡田舍時方艱虞急難相須之日正長而
乃溘先朝露文夫婦繼歿子在髫齔天乎痛哉
葬日逼謹撫卒葬大槩納諸壙趙氏世次得以
略者內夫家也兄昌遜泣書

一〇六、元曾氏墓誌　至正十八年(1358)五月十七日

額正書：故太君曾氏墓誌

祖母曾氏，乃臨川崇德人也，曾大父、大父母俱隱其名，歸于我祖考文忠。祖母柔慧/質，不事工巧組綉，惟桑麻絲枲是务。克家勤儉，生理日裕。訓誨二子，治生有道。德/祐兵棼中，吾父母遭厄，仲子繼逝，丗路險巇，有不如人意者。待諸孫媍如子女，人有/少過，則覆護隱諱，無疾聲遽色，藹然春和。常命諸孫各知务本，以肥其家，以承汝考。/祖母雖無子而有子，年踰指使，甘旨不減，神清語潔，以壽考終，豈非生平為善而善/報乎！祖母生子二人。長丗興，新媍吳氏。長孫光祖，孫婦丁氏。曾孫必達，婦甘氏；次必/遠。曾女孫寅娘、纫足孫。次孫勝祖，婦黃氏。曾孫賤姑，女孫端娘。次子丗隆，婦羅氏。継/喪曾孫顯祖，孫婦廖氏。曾孫閔姑。次壽祖，孫婦吳氏。生女二人：長適謝；次適黃。祖母/生於宋之乙亥，卒於元之戊戌，享年八十有四。以是年是月甲寅葬于本里陳坊，其/山坎艮，行竜入穴，坐壬作丙，水帰申庚，不待蓍龜，時日俱利，祖母于此妥靈焉。諸孫/不能丐銘當丗士大夫，聊寫此以記歲月耳。/

承重孫黃光祖、勝祖、顯祖、壽祖泣血謹書。

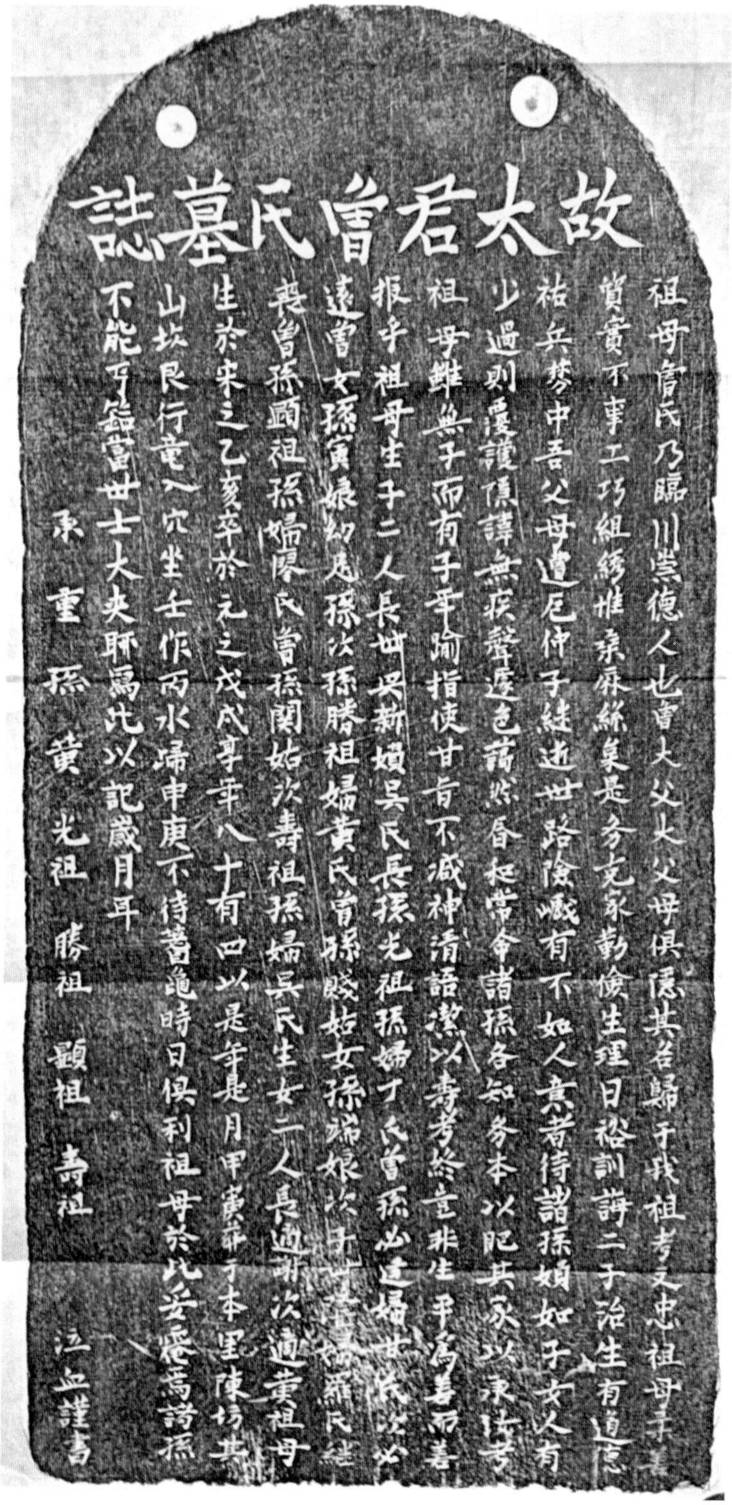

故太君曾氏墓誌

祖母曾氏乃臨川崇德人也曾大父大父母俱隱其名歸于我祖考文忠祖母[illegible]
質實不事工巧組繡惟績麻絲枲是務克家勤儉生理日裕訓誨二子治生有道德
祐兵楚中吾父母遭厄仲子繼逝世路險巇有不如人意者待諸孫娘如子女以有
少過則優護隱諱無疾聲遽色藹然昏起常命諸孫各知務本以肥其家以承[illegible]考
祖母雖無子而有子年踰指使甘旨不滅神清語澈以壽考終竟非生平爲善而善
報乎祖母生子二人長世娶新婦吳氏長孫光祖孫婦丁氏曾孫必遠婦甘氏次必
遠曾女孫寅娘幼惠孫次孫勝祖婦黃氏曾孫駿姑女孫瑞娘次[illegible]羅氏繼
喪曾孫顧祖孫婦廖氏曾孫閑姑次壽祖孫婦吳氏生女二人長適謝次適黃祖母
生於宋之乙亥卒於元之戊戌享年八十有四以是年是月甲寅葬于本里陳坊其
山坎艮行龍入穴坐壬作丙水歸申庚不待蓍龜時日俱利祖母於此妥厝爲諸孫
不能丐銘當世士大夫聊爲此以記歲月耳
承重孫黃光祖　勝祖　顧祖　壽祖　泣血謹書

一〇七、元潘覺祥墓記　至正二十年（1360）十二月三日

額篆書四行：王公／草堂／居士／墓記

先君姓潘，諱覺祥，字太和，生有元前乙未之八月二十八日也。即其家世，則自／饒州安仁之大熟里也。高祖層三府君、曾祖大六朝奉、祖辛三宣教，並著聲稱。／屬宋季，有司不法，傜賦繁重，民不土着者比比而是。而高祖與曾祖叶謀，徙居／撫之臨川坑西別庄。吾祖有子七人，先君盖其六也。先君甫壯，贅居于黎墟里／之王氏。先君天性純謹，經生不懈，故能克相外舅，以昌其家。上交下接，無一間／言者。未幾而外舅姑俱歿，凡若生養死藏，必尽其誠篤，先君自是卓然有所成／立。不肖孤等早蒙教育，粗知向方。中年更大居室，寵光前祀。方謀以安逸自／處，豈惟陵谷變遷，氣埃四起，家燬扵兵，平生所積，乃為它玩。先君始釋然覺悟，／信知人生實一虗幻耳。即日断棄家務，止酒屏葷，以蔬食自樂。昕夕專以念佛，／三昧為心，故有以草堂居士為之號者。庚子初冬，適嬰微恙，莭宣罔効。至二十／二日奄然長逝，是年盖六旬有六也。子二：長思和，娶王；次思敬，娶李。女三：長適／裹舉王白先；次適本里王以成；幼適本里黎永清。孫男三：録生、集慶、觀住。孫女／二：長適吴方王子弄；幼桃女，未笄。將以是冬立春之三日丙午，卜葬扵朱家塘／畔，坐午丁，向子癸。尚以世難未平，不肖孤等不克徵銘扵達官夕宦，顯揚盛德。／姑摭世系歲月，納諸幽宫，以俻徵考。／

庚子年十二月日，孤子思和、思敬泣血拜記。

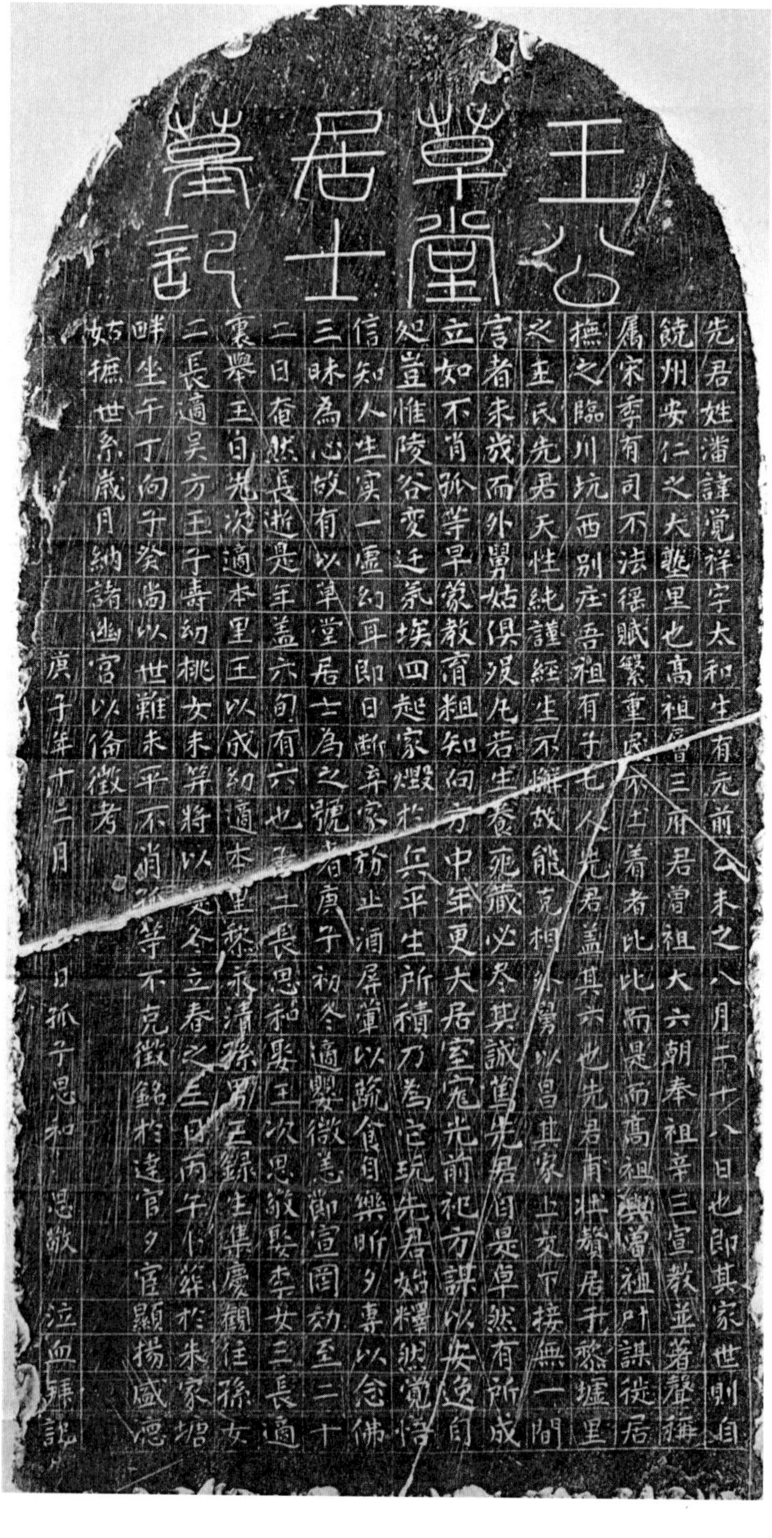

王公草堂居士墓記

先君姓潘諱覺祥字太和生有元前乙未之八月二十八日也即其家世則自
饒州安仁之大塾里也高祖曾三府君曾祖大六朝奉祖辛三宣教並著聲稱
屬宋季有司不法徭賦繁重民不土着者比比而是高祖暨曾祖叶謀徙居
撫之臨川坑西别庄吾祖有子七人先君蓋其六也先君甫壯贅居于黎墟里
之王氏先君天性純謹經生不售故能克相外舅以昌其家上交下接無一間
言者未幾而外舅姑俱沒凡若生養死藏必盡其誠篤先君自是卓然有所成
立如不肖孤等早蒙教育粗知向方中年更大居室寵光前祀方謀以安逸自
怨豈惟陵谷變遷氣埃四起家燬於兵平生所積乃為它玩先君始釋然覺悟
信知人生實一虛幻耳即日斷弃家務止酒屏葷以蔬食自樂昕夕專以念佛
三昧為心故有以草堂居士為之號者庚子初冬適嬰微恙醫藥罔効至二十
二日奄然長逝是年蓋六旬有六也子二長思和娶王次思敬娶李女三長適
裏舉王自先歿適本里王以成幼適本里黎永清孫男三錄生集慶觀住孫女
二長適吳方王子壽幼桃女未笄將以是冬立春之三日丙午卜葬於朱家塘
畔坐午丁向子癸當以世難未平不肖孤等不克徵銘於達官名宦顯揚盛德
姑撫世系歲月納諸幽宮以備徵考

庚子年十二月　日孤子思和　思敬　泣血拜誌

參考文獻

1. 郭茂育、劉繼保編著：《宋代墓誌輯釋》，中州古籍出版社，2016 年。
2. 紹興市檔案局（館）、會稽金石博物館編：《宋代墓誌》，西泠印社出版社，2018 年。
3. 何新所編著：《新出宋代墓誌碑刻輯録》（北宋卷），文物出版社，2019 年。
4. 何新所編著：《新出宋代墓誌碑刻輯録》（南宋卷），文物出版社，2020 年。
5. 何新所編著：《新出宋代墓誌碑刻輯録》（地券卷），文物出版社，2021 年。
6. 周峰編：《貞珉千秋——散佚遼宋金元墓誌輯録》，甘肅教育出版社，2020 年。
7. 周峰編：《散見宋金元墓誌地券輯錄》，花木蘭文化事業有限公司，2021 年。
8. 周峰編：《散見宋金元墓誌地券輯錄二編》，花木蘭文化事業有限公司，2021 年。
9. 周峰編：《散見宋金元墓誌地券輯錄三編》，花木蘭文化事業有限公司，2022 年。
10. 周峰編：《散見宋金元墓誌地券輯錄四編》，花木蘭文化事業有限公司，2022 年。
11. 周峰編：《散見宋金元墓誌地券輯錄五編》，花木蘭文化事業有限公司，2023 年。
12. 周峰編：《散見宋金元墓誌地券輯錄六編》，花木蘭文化事業有限公司，2023 年。